SOUVENIRS
DE
VOYAGE

PAR

M. ET M.me MERCIER-THOINNET.

SOUVENIRS
DE
VOYAGE

PAR

M. ET M.me MERCIER-THOINNET,

Dans

Le midi de la France, sur le canal du Languedoc, dans la Ligurie, à Gênes, Rome, Naples, dans la province de Bari, sur l'Adriatique, dans l'Albanie, Raguse, la Dalmatie, l'Illyrie, à Trieste, Venise, en Suisse.

Je dirai : J'étais là, telle chose m'advint.
Vous y croirez être vous-même.
LA FONTAINE.

A PARIS :

Chez MM. Schwartz et Gagnot, Libraires, quai des Augustins, 9.
Chez M. Lequien, Libraire, quai des Augustins, 47.

A NANTES :

Chez M. Suireau, Libraire, rue Crébillon.

—

Août 1838.

NANTES, IMPRIMERIE D'HÉRAULT.

PROLÉGOMÈNES.

Le progrès, la civilisation, la perfection, mots vivificateurs pour exprimer par des émissions différentes la même pensée, appartiennent surtout à l'époque actuelle.

Dans cette tendance à améliorer les situations, les mœurs, à parfaire les ressorts gouvernementaux, s'est développé l'éclectisme, qui ne vise, comme l'abeille, qu'à prendre ce qu'il y a de meilleur et de plus parfait dans les institutions humaines, pour le bonheur du plus grand nombre. Ainsi, la félicité générale doit constituer le bien-être particulier : toutes les formes de gouvernement monarchique, aristocratique ou républicain, dépendantes des circonstances locales ou des temps, peuvent développer le bonheur public, l'excitation aux vertus et aux talents dans tous les genres, le commerce, l'industrie, les beaux-arts, en quittant la pénible ornière de la routine et des préjugés, alors peu à peu disparaîtront les abstractions et les erreurs du jugement qui ont si souvent peuplé les cachots, les oubliettes, et ensanglanté la terre de victimes. Tout prend une allure mathématique et rationnelle ; la physique, la mécanique, font des pas de géant ; des chemins de fer, des machines à vapeur vont réaliser de nouveaux rapports sociaux. Dieu est adoré dans ses temples en esprit et en vérité ; les idoles du paganisme tombent chaque jour ; les fétiches usent leur crédit ; le dalaïlama lui-même finira par courber la tête, malgré les remparts du Tibet, la vérité brillera à ses yeux, sans nuages ; l'amour de Dieu et du prochain, voilà la loi : l'analogie, les monuments, la comparaison, le témoignage des hommes sont de grands moteurs pour obtenir des perfections si désirables. C'est surtout par les voyages, qu'on a ces heureux résultats.

En s'éloignant de son petit coin de terre, on voit les peuples dans l'intimité : historien impartial, on tolère et on juge leurs défauts ; initié dans les hautes conceptions de leur commerce et de leurs talents, on se prépare peu à peu à l'imitation de tout ce qu'il y a de beau, de bon, de louable; on s'enrichit pour verser ensuite ses petits trésors dans sa patrie. Tels sont nos opulents voisins d'outremer; prenant un vol rapide, ils parcourent et étudient les nations, afin de s'approprier leurs richesses, et de se doter de leurs dépouilles : nos devanciers dans les théories progressives et constitutionnelles, ils planent et visent à la suprématie européenne.

Les voyages ne sont-ils pas, d'ailleurs, un complément de l'éducation, comme tendant à mûrir le jugement et à parfaire l'intellect : ils peuvent être faits, par un grand nombre, avec sagesse et économie, et même comme préservatif hygiénique et salutaire contre les débiles santés : aussi, nous nous étonnerons toujours que, dans une vie fragile dont le fil est si souvent tranché, nous ne cherchions pas à jouir un peu de ses moments rapides, à admirer les merveilles de la nature, à visiter, surtout dans la saison rigoureuse, des climats tempérés, et à voir beaucoup de choses en peu de temps.

ANNEXE.

Cet ouvrage n'est point une description complette monumentale, ni une peinture stratégique et d'histoire : tant d'auteurs remarquables par leurs talents n'ont rien laissé à désirer ; c'est seulement un journal de voyage, une commémoration, une narration fidèle, ou un résumé quotidien et consciencieux; n'ayant d'autre méthode que les excursions de la journée, et d'autre but que de rappeler quelques souvenirs précieux : à ceux qui ne connaissent pas les contrées méridionales de l'Europe, de les initier un moment dans la délicieuse Italie; à ceux qui ne veulent pas courir les chances et les hasards

v

des grands chemins, de la mer et des précipices, de leur procurer les jouissances d'admirer les pays étrangers, sans sortir de leur chambre pour réaliser le méticuleux conseil de Delille :

« Je fais dans mon fauteuil le voyage du monde. »

SOUVENIRS

DE VOYAGE

DE

M. ET Mme MERCIER-THOINNET.

CHAPITRE PREMIER.

De Nantes à Bordeaux.

Douce amitié, bonheur de la vie ! des parents, des amis viennent nous serrer dans leurs bras, et nous offrir leurs services et leur dévouement : nous leur confions notre fils chéri, que son jeune âge nous prive d'emmener avec nous pour visiter le pays natal de la beauté, la ravissante Italie. Plusieurs fois dans notre course rapide, nous nous sommes félicités d'avoir laissé notre enfant à de si tendres soins.

Les différents climats que nous allions parcourir auraient pu moissonner, à l'aube de ses jours, cette jeune fleur, vie de toutes nos pensées, et couvrir ainsi notre existence de deuil et de douleur. Mais des lettres devaient à des jours marqués, comme de fidèles rendez-vous, nous porter du baume et nous donner de la tranquillité dans notre voyage.

Nous voici dans le coupé de la diligence, préférant mille fois cette voie aux voitures particulières, et cela pour mieux parcourir les fleuves, les lacs ou les mers dans des voyages lointains dont on ne peut préciser à l'avance les divers accidents. Nous avions peu de bagage, afin d'emporter pour ainsi dire, comme Protagoras, tout avec nous.

Sur la route, nous apercevons avec plaisir la marche rapide de l'agriculture; les assolements brillent partout à la place des stériles jachères : depuis que la propriété se morcelle, les champs moins considérables sont amendés et soignés; tant il est vrai que la subdivision des terres est avantageuse aux masses et aux productions. Je sais bien que le grand propriétaire qui fait valoir, doit agir différemment. Dans ces sages mesures économiques, il vise plutôt aux prairies artificielles et naturelles, à l'engrais des bestiaux, qu'à la dispendieuse culture des céréales ; mais il n'en est pas ainsi des petits fermiers. La culture du colza, si précieuse dans une grande partie de la France, se propage beaucoup dans les départements de l'Ouest : les terres ne restent plus improductives sous nos laborieux habitants.

Voici un premier relais, c'est la petite ville de Montaigu. Ici, je ne parlerai pas de ces luttes sanglantes de principe plutôt que de personnes, de l'ancien et du nouveau régime, de la liberté ou de la féodalité ; l'heure de la réconciliation est arrivée ; chacun possède un arpent de terre et a de l'attachement au sol : la liberté de la presse est venue adoucir l'humeur belliqueuse de ces contrées : je crois des réactions politiques impossibles dans ce beau pays, couvert de crêpes funèbres, de décombres, et où le sang de tant de victimes n'a que trop jailli.

Nous apercevons plus loin des militaires, changeant de quartier d'hiver ; fredonnant quelques chansons bacchiques sans trébucher et sans avoir la jambe avinée. Ces migrations fréquentes sont dans un but politique pour briser les intimes relations des guerriers et des citadins : ces soldats, péniblement fatigués de la marche dans une route boueuse, par le poids de leurs armes et de leurs bagages ; ces rejetons de leurs illustres devanciers, qui ont porté la gloire du nom français jusque sous la zône glaciale, s'approchent de notre célérifère pour s'informer s'ils pourraient occuper les places vacantes ; leurs quelques pièces de monnaie ne suffisent pas au conducteur ; ils sont obligés de continuer pédestrement la route, comme les Spartiates infatiguables, consumés de faim, et d'amour pour la patrie. Les routes en fer donneront un jour plus de facilité au développement de la philantropie, et les militaires trouveront place sur les wagons hospitaliers.

Nous passons à Bourbon, ville créée par le moderne Alexandre, pour pacifier et animer le bocage de la Vendée, et nous arrivons à la Rochelle. Afin de mettre à profit les quelques heures de station, nous faisons le déjeûner dans la voiture.

« Là, sans s'assujétir aux dogmes de Broussain,
» Ce que l'on mange est bon, ce que l'on boit est sain ;
» Le cabat le fournit, nécessité l'ordonne,
» Et mieux que Bergerac, l'appétit l'assaisonne. »

Comme dans presque toutes les villes de guerre, La Rochelle a des galeries sur un côté des rues, pour préserver de l'inclémence de l'air et de l'éclat meurtrier des bombes. Ces passages cintrés ont de belles boutiques, légères ébauches des élégants passages de Paris. Le port est remarquable, et la ville mérite l'attention du voyageur. Elle a été long-temps l'asile des religionnaires qui, par la force de ses murailles, y trouvaient un abri. Aujourd'hui, l'esprit du siècle est plus tolérant et plus indifférent aux controverses religieuses. Si Lutter et Calvin se fussent montrés de nos jours, ils n'auraient pas fait tant de bruit; les paroles grossières qu'ils échangeaient, n'auraient pas été de mises dans notre temps d'urbanité et de bon ton. La prétendue Eglise Française, le Saint-Simonisme s'élèvent.... à peine s'ils trouvent un peu de retentissement et quelques échos. La pompe religieuse est moins dans nos mœurs; les arguments théologiques ne sont plus accompagnés du glaive, le Mahométisme lui-même ne fait plus de prosélytes avec le cimeterre. L'hypocrisie, le fanatisme disparaissent pour faire place à l'amour de Dieu et du prochain, qui a fait surgir cette belle pensée :

« Je crains Dieu, cher Abner, et n'ai point d'autre crainte. »

Nous nous arrêtons à Rochefort, jolie ville

batie sur la rive droite de la Charente, un des cinq grands ports militaires de France. Les maisons sont élégantes et simples; les rues bien pavées, larges et coupées à angles droits. L'hôpital peut rivaliser avec celui de Plymouth. Les chantiers de construction, les bassins de carénage, la corderie, le bagne dans l'arsenal sont fort curieux à voir. Les remparts forment une jolie promenade ainsi que le cours d'Ablois.

Les femmes portent sur le cou des vases d'eau par le moyen d'un levier, et leurs coeffes, modestement canoniques descendent à triple étage comme le menton trinitaire des chanoines de Boileau. Dans les campagnes de la Charente, on voit beaucoup de moutons mérinos dont la laine est si précieuse; mais je ne pense pas qu'on en retire plus de profit que de ceux des bords de la Loire.

Nous voyons Saintes, remarquable par des antiquités qui intéressent l'archéologue, surtout par des arènes en ruines, à droite de Saint-Eutrope, inférieures à celles de Nîmes. Saintes est une ville fort curieuse et fort commerçante; vingt-cinq voitures publiques y passent chaque jour; tout y est en abondance : il y a du vin rouge à vingt francs la barrique.

L'arc de triomphe est sur le pont de la Charente avec des inscriptions à Germanicus Tibère, etc.

A quelque distance de Saintes, se trouvent les restes d'un ancien temple païen.

Nous voulons explorer l'embouchure de la Gironde; nous arrivons à Blaye, si célèbre par une illustre captive. Sur la terrasse de la forteresse, on avait dressé un pavillon chinois, où la Duchesse de Berri pouvait jouir de l'aspect de la mer; là, l'œil s'étend au loin sur Lesparre, Pouliac, Plassac, Château de Barbe, Laroch, Médoc, Château Margo, etc.

Le marché offre de l'intérêt et de la variété. Il y a un bassin où les femmes, pour laver, se mettent dans des espèces de boîtes; un beau pont au bout d'une jolie promenade nouvellement plantée, s'élève en forme d'embarcadaire pour les bateaux à vapeur.

Près Barbe, sur la rive droite, quantité de maisons sont taillées dans le roc; les sites en sont enchanteurs; ce sont des bois de chênes verts; cette côte me paraît égaler en beauté la Tourraine. On découvre des excavations de pierres à bâtir, des bancs de sable, des groupes de jolies maisons couvertes en tuiles et fort commerçantes, et l'on y voit même des canons laissés du temps des invasions des Sarrasins.

La côte de Médoc, située sur la rive gauche, se prolonge jusqu'à Bordeaux : des collines parsemées des plus charmantes habitations et qu'ombragent une foule de bosquets, offrent une perspective tout à fait pittoresque.

Partout on aperçoit des vaches bretonnes pas plus grosses que des chèvres, très-estimées et d'un bon produit.

Les malheureux ont pour ressource de se creuser des logements dans le tuf ;

> « Et dans le roc qui cède et se coupe aisément,
> » Chacun peut de sa main creuser son logement. »

Après le rocher de pain de sucre, vient la tête de Buch. Voici l'endroit où la Garonne et la Dordogne mêlent leurs eaux et forment la Gironde, ou plutôt la Gironde est séparée en deux par le bec d'Ambez, pour former d'un côté la Dordogne, et de l'autre la Garonne. Le site n'approche pas des beautés de la Dordogne, qui possède Sainte-Croix, d'où sort le vin de la plus haute réputation, Bergerac, Saint-Émilion.

En approchant de Bordeaux, on voit le château de M. de Peyronnet, la maison de

M. Cheniau, constructeur, sur le Mont-Ferrand, et la maison de M. Ferrière, près de laquelle, comme par enchantement, est un bassin qui enlève les navires.

CHAPITRE II.

De Bordeaux au Canal du Languedoc.

Sitôt débarqués à Bordeaux, des commissionnaires nous présentent des cartes de traiteurs, et nous invitent à les suivre : nous sommes ainsi harcelés par ce nouveau genre de Cosaques jusqu'à notre hôtel, rue Saint-Remi, n.° 14, chez Mme Fonteneau, où nous nous trouvâmes très-bien pendant notre séjour.

Nous n'avons pu nous lasser d'admirer les allées de Tourny, les plus jolies promenades de la ville : les Quinquonces élevés sur les débris du Château Trompette, qui aboutissent d'un côté au Jardin public, et de l'autre aux bords de la Garonne ; partout sont de belles maisons. Les rues Saint-Remi, Sainte-Catherine, le Chapeau-Rouge sont magnifiques. Le pont Saint-Esprit, qui conduit à la Bastide, est un des plus beaux et des plus solides de France.

Il est construit en maçonnerie de briques et de pierres de taille.

Ce pont est composé de dix-sept arches, qui reposent sur seize piliers.

Il y a une multitude de galeries semblables à des salles de cloîtres, qui sont en communication entr'elles d'une extrémité du pont à l'autre. Il existe sous chaque trottoir, garni de parapets, une galerie continue en forme d'aqueduc, qu'on peut visiter.

Le Théâtre, un des plus beaux de France, réunit tous les avantages : architecture, situation, beautés extérieures ; mais l'intérieur ne répond pas à tant de richesses.

Bordeaux possède des hôtels renommés, le Palais des Princes, celui de la Préfecture, celui de la Mairie ; la Bourse, la Douane, sont magnifiques.

Le quai des Chartrons, qui termine le port, la Place Royale, la Place Dauphine, fixent aussi l'attention.

L'église Saint-Bruno, une des plus remarquables de la cité, a de belles peintures à fresque : dans une cellule de chartreux, on parle bas, et dans une autre cellule à l'extrémité correspondante, on entend très-intelligiblement la répétition vocale.

Dans le caveau de Saint-Michel, est une collection d'hommes desséchés qui est, dit M. le Marquis de Custine, l'herbier de quelques savants Alchimistes : cette réunion de spectres noirs est terriblement imposante.

Le corps de Montaigne repose dans l'église des Feuillants : étendu sur sa tombe, il est vêtu d'une cotte de maille ; son casque est à sa droite, un livre à ses pieds : ici le doute paraît encore, malgré l'enveloppe des cendres sépulcrales.

La cathédrale remonte au neuvième siècle : une tour séparée de cet édifice lui sert de clocher : auprès de la cathédrale est le Palais de l'Archevêché.

Le Jardin des Plantes est très-ordinaire.

Les Bordelais sont d'une grande honnêteté.

Ils nous ont paru fort amateurs de cirque olympique ; il est vrai que M.lle Kenebelle, digne émule des Ducrow, etc, y faisait alors fureur par ses grâces infinies et le génie de l'équitation, qu'elle possède par-dessus toutes choses.

Depuis l'abolition de la traite des nègres, trafic de chair humaine qui répugne à la morale, la perte de nos colonies est, pour ainsi dire consommée, et le commerce des Bordelais se réduit aux relations ruineuses de l'Inde, où il faut porter de l'or, et où les richesses de l'Europe vont s'engloutir sans retour; leurs vins exquis sont leur plus grande prospérité; il s'en exporte en tous lieux, ce qui jète beaucoup d'argent à Bordeaux.

Les contadines (paysannes) s'enveloppent la tête d'un mouchoir qui leur donne plus de fraîcheur, et empêche les rayons ardents du soleil de les incommoder.

On peut dire que, dans cette ville, on jouit de la plus grande liberté, et qu'on y vit à tous prix, comme à Paris; il y a même des omnibus, et, ainsi qu'à Marseille, la Gazette y circule de main en main.

Les restaurants offrent des repas à meilleur marché qu'aux tables d'hôtes; mais les tables d'hôtes ont l'avantage de vous présenter souvent une société instructive et mieux choisie.

Les marchés aux légumes excitent la curiosité : les dames de la halle sont placées sous des tentes en forme de parapluies chinois.

Même mode de canalisation sur la Garonne que sur la Loire. On resserre le lit du fleuve par des poteaux et amas de pierres, qui réunissent les sables et les vases dans ces parties; le courrant déblaie les obstacles du centre par sa force, sans recourir à des bateaux dragueurs.

Nous prenons alors le bateau à vapeur,

pour continuer jusqu'à Marmande. Près Langon, sur la Garonne, est jeté un pont en fer de grande dimension, qui communique presque vis-à-vis Saint-Macaire. La côte de Langon est renommée par ses vins, et possède en outre le riche Château de Castes, à M. Duhamel. Les châtaigneraies sont rares; on y supplée par le saule, pour faire le cercle des barriques.

Les vapeurs sur ces fleuves ne vous suffoquent pas avec leur fumée saturée de gaz carbonique, et ne vous exposent pas à l'asphyxie; l'élément qui fait mouvoir leur machine est alimenté par le bois.

Les bœufs, rendus difformes par une de leurs cornes, retranchée presque en entier, afin de ne pas trouver d'obstacles dans les rameaux, tirent plus expéditivement la charrue, et labourent la vigne.

Près Castres, d'environ 1,500 âmes, des moulins à eau sont installés sur deux bateaux; leur résultat est la mouture de trois sacs de farine par jour; la navigation tolère cette industrie, et l'usage ne s'en est pas encore aboli. Du milieu des eaux, on aperçoit, sur la grande route, la belle campagne de M. Chop, anglais; sur la droite, la petite ville de la Réole, très-pittoresque; son vieux Castel, bâti du temps des Sarrasins; son important couvent de Bénédictins, occupé aujourd'hui par des administrations civiles et militaires; une jolie fontaine qui suit le mouvement périodique du flux et du reflux.

On voit encore un second pont en fer, plus hardi que le premier, qui n'est soutenu par aucun poteau dans le fleuve : des grottes, protégées par des piliers, donnent à ces lieux un aspect très-intéressant. Dans plusieurs endroits, des digues seraient nécessaires; mais le morcellement des propriétés semble être un obstacle aux grandes entreprises : ne peut-on pas former, suivant l'usage d'Ecosse, des actions et des associations? ou faire reconnaître, par le conseil municipal du lieu, l'urgence des choses, puis recourir à la répartition cadastrale de l'impôt, pour faire concourir chacun suivant ses forces; et intéresser les masses à des œuvres utiles à tous?

Les sites continuent d'être charmants : ce superbe Château, qu'on aperçoit sur le littoral gauche, a le nom de son possesseur, M. de Marcellus. Là, le courant est si rapide, qu'on est obligé de remorquer les bateaux avec des chevaux. Des ponts légers en fer, continuent de se multiplier, et se présentent comme des arcs-en-ciel, jetés d'une rive à l'autre.

Marmande nous démontre que, si les concurrences sont le tombeau des fortunes particulières, elles présentent entre autres, grand nombre d'avantages précieux de voyager à peu de frais. On s'arrête : nous quittons le bateau à vapeur ; à l'hôtel, partout autour de nous, nous n'entendons qu'un patois désagréable. Nous sortons brusquement de la Tête-Noire, ne pouvant nous faire comprendre, pour aller à la Providence, où nous fûmes plus heureux. Restaurés par une nourriture succulente, nous nous rendons au bureau des messageries ; sept chevaux sont attelés, avec une grande célérité, à notre diligence ; nous allons aussi vite que la pensée, mais non sans danger de nous briser à tous moments. Les campagnes ne connaissent pas le repos, et ne se lassent pas de donner de riches moissons ; aussi, l'infatigable planteur les cultive-t-il avec soin et beaucoup d'amendement. Partout les perspectives sont des plus pittoresques ; on est seulement fâché de voir presque sans-cesse de très-beaux arbres mutilés pour ainsi dire jusqu'à la cîme : la théorie de la sève, mal conçue, est cause de ces horribles amputations ; la pratique et la physiologie des arbres démontrent que les feuilles et les branches contribuent par leurs pores, les trachées et leurs vaisseaux absorbants, autant que les racines, au développement et à la prospérité de l'arbre; que là où l'on fait la section d'une branche, là on provoque des éruptions de sève; il en résulte qu'un arbre mutilé ne prend plus d'accroissement, et se couvre de branches dans les parties qu'on voulait préserver de développement, au lieu de la consacrer toute entière à donner à la cime une grande ascension.

Nous ne nous arrêtons pas à Agen : jusqu'à Toulouse, le terroire est une plaine magnifique ornée de figuiers, plus belle que la Beauce, ayant, au nord, une ligne de riches montagnes, au sud et à l'ouest, la Garonne continuant de serpenter au milieu de la plus féconde culture; là le trèfle prend une dimension considérable, et est graissé avec la chaux; le tableau est encore animé par de nombreux troupeaux de moutons et de porcs noirs qui paissent dans la plaine; partout on voit des nuées de pigeons.

Nous descendons à Toulouse, près le canal du Midi; mais apprenant que nous nous étions mal adressés, nous nous transportâmes immédiatement à l'Hôtel du Nord, chez M.me Clouet, qui traite fort bien les voyageurs et à bon marché.

De la Rochelle à Marmande, les femmes

sont ornées du madras sur la tête; à Blaye, elles renchérissent, et portent une coëffe sous le mouchoir qui flotte comme un étendard. De Marmande à Toulouse, elles reprennent les coëffes à forme de béguin : celles qui approchent de la caducité, ont des chapeaux peu élégants. Arrivés le dimanche à Toulouse, nous avons joui du coup-d'œil le plus enchanteur et le plus magique : toute la population, même les militaires, étaient en promenade sur la place et dans la rue Lafayette; sur la place du Capitole, les maisons sont en briques variées de jolies silex; les rues, près de cet édifice, sont pavées de cailloux symétrisés et bariolés, tout cela est ravissant.

Nous avons visité le château d'Eau, dans lequel se trouve une machine simple et ingénieuse, qui donne de l'eau à toute la ville; elle a la force de cinquante chevaux, son bassin est à cent pieds de hauteur. De son sommet, on découvre, dans un beau temps, la chaîne imposante des Pyrénées. La machine consiste dans un volant à aile de moulin à eau, mû par un courant de la Garonne, très-ordinaire, puissance d'une pompe aspirante et foulante, qui fait monter l'eau à soixante-dix pieds; dans toutes les rues, des ruisseaux intarissables entraînent les ordures. Pourquoi les départements de l'Ouest, dans le voisinage des fleuves, restent-ils en arrière, et ne se livrent-ils pas à une rapide imitation ? Dans grand nombre de villes importantes, on ne connaît pas même de fontaines publiques qu'on pourrait élever à peu de frais, et le système de pavage y est bien incomplet. Sur une couche de sable d'un ou deux pieds, on installe de petits pavés qui, se terminant en forme de pyramides, disparaissent dans le sable, et créent du vide. Si on plaçait de belles pierres d'une toise carrée et de huit pouces d'épaisseur sur quelque chose de moins mobile que le sable, à la manière des trottoirs, on ferait un ouvrage durable pendant des siècles, bien plus commode et plus doux aux personnes, aux chevaux et aux voitures, comme cela se pratique dans les belles cités d'Italie.

Le moulin Basacle a encore l'eau pour moteur, et met en action 36 meules.

La fonderie royale est fort curieuse ; le jardin des plantes est supérieur à celui de Bordeaux. Nous avons visité le palais du Capitole, la salle des Pas-Perdus, la salle des Grands-Hommes, où sont les bustes des plus célèbres citoyens de Toulouse, et celle de l'Académie et des jeux floraux ; il nous semblait voir la ravissante

Isaure, présider les disciples d'Apollon, et les animer de sa lyre divine et poétique.

Montmorency fut décapité dans la première cour, au pied de la statue de Henri IV, par l'ordre de Richelieu, qui punit en sa personne l'erreur d'un jour, et tarit une source féconde de héros. Ce souvenir nous rappela la statue antique de Pompée, aux pieds de laquelle vint rouler aussi le cadavre ensanglanté de César.

Dans la salle basse, dite des Armoires-de-Fer, où l'on conserve les annales de Toulouse, ornées de belles vignettes, se trouve la hache Damassée avec laquelle on a décapité Montmorency.

Presque toutes les églises nous ont paru fort belles, surtout la Cathédrale, le Stor et Saint-Sernin : comme prince de l'Église, l'archevêque a une sentinelle à sa porte ; il y a, à Toulouse, deux régiments d'artillerie et un d'infanterie. Si les habitants ont dans leurs manières plus de cette pétulance qu'excite le feu du midi, ils n'ont pas moins d'obligeance, et ils ont plus de piété que les Bordelais.

Le pont qui réunit les deux rives de la Garonne, se compose de sept arches ; il y a deux statues : l'une représente le Languedoc, et l'autre la ville de Toulouse.

Les promenades, surtout l'Esplanade sont fort agréables ; le cours de Dillon est situé sur la rive gauche de la Garonne.

Celle qu'on appelle les Allées, est la plus jolie ; elle commence au pont de Montendon, jusqu'à l'embouchure de la Garonne, en suivant les bords du canal de l'immortel Riquet ; des arbres l'ombragent de leurs rameaux et en entretiennent la fraîcheur ; cette promenade se joint aux avenues qui embellissent les rives du canal de Brienne, d'où l'on jouit de l'agréable vue des Pyrénées. Enfin, quoique le prix soit moins élevé dans le coupé de la diligence, nous préférons voyager sur le canal du midi ; nous devions nous rendre à Béziers, distant de quarante-cinq lieues de Toulouse, nous fûmes obligés de nous munir de provisions : il n'y a pas de restaurateur sur le bateau de poste.

CHAPITRE III.

Du Canal du Languedoc à Cette.

Nous voilà transportés sur le joli Pénif, qui peut contenir deux cents voyageurs. La cloche sonne, c'est le signal du départ; quatre chevaux remorquent avec une longue corde notre légère embarcation; elle est lancée au train de poste: quelquefois le conducteur suit les chevaux en courant, pour les exciter à la vélocité et les anime de ses crépitations; souvent, les voyant presque au galop, il monte sur l'un d'eux avec beaucoup de légèreté, sans les arrêter, et fait claquer son fouet. Un pont se présente. Le canal qui, pour l'ordinaire, a sept pieds d'eau, est si bien combiné, que près de l'entrée du pont, est un passage pratiqué à dessein; le conducteur descend de cheval, puis il détache la corde, les chevaux en traînent encore un long bout; l'autre portion est saisie par le postillon, qui pénètre dans le petit passage, près de l'arche; il ramène ensuite ses cordes aux chevaux, en les provoquant de nouveau à la course;

pendant ce temps, une agréable musique provenant d'un buffet d'orgue, augmente encore la magie de ces lieux. Tantôt le canal parcourt des descentes rapides, tantôt il s'élance sur des coteaux. Soixante-deux écluses, soixante-douze ponts, cinquante-cinq aqueducs qui servent de passage à autant de rivières, de Toulouse à Béziers, aplanissent les difficultés ; mais que de merveilles au passage de ces écluses ! La corde de hallage se détache ; un des nautoniers prend un bout de corde amarré à l'embarcation ; il se précipite sur le rivage, nous sommes à quinze pieds au-dessous du niveau de l'eau, de l'autre côté de l'écluse ; nous entrons dans l'écluse, la porte se ferme derrière nous ; celle de devant ne s'ouvre pas encore, où nous serions engloutis dans les eaux ; mais des crics jouent et pratiquent dans le bas de la porte de l'écluse des ouvertures pour faire entrer l'eau graduellement ; le soleil, dans le milieu du jour, dardant ses rayons sur ces monceaux d'écume, de jolies nuances roses, bleues, lilas, d'or, dès le premier moment, saisissent d'effroi et d'admiration : on craint sans raison d'être submergé ; notre nacelle ne s'élevait point ainsi subitement à la hauteur de quinze pieds ; alors, par le moyen de deux chèvres, les portes supérieures s'ouvrent; le voyageur, que la peur ou le désir de fouler l'herbe, avait fait quitter le bateau, au moment du passage, y remonte; les cordes se rattachent aux chevaux, qui se reposent ou qui ont été rechangés; ils reprennent le train de poste. Tous les bords sont ornés de jolies plantations : le littoral droit a un espace consacré à la course des chevaux; les ouvertures à l'écluse ont le nom d'emperements. Le passage d'une écluse est de dix à quinze minutes : dans l'écluse, cette chûte d'eau de quinze pieds offre l'aspect d'une cataracte. Quand l'emperement est couvert d'eau, il n'y a plus de monceaux d'écume; mais bien un fort bouillonnement comme des tournants.

On voit souvent, sur le canal, des trains de bateaux chargés de marchandises. Des laveuses animent le paysage; de charmantes habitations décorent ces riches campagnes où l'on remarque des cygnes et d'autres oiseaux aquatiques.

Le Baron de Riquet, sans aucune connaissance dans le génie, secondé par le Ministre Colbert, conçut le plan immense du canal du Midi, de quatre-vingts lieues de longueur. Commencé en 1667, et livré à la navigation en 1682, ce travail ne dura que quatorze ans; il avait été projeté du temps des Romains, sous

Néron, par le prétorien Antistius. M. Riquet, épuisé de fatigues, s'éteignit à cinquante ans. Les dépenses ne se sont élevées qu'à dix-sept millions du temps, qui aujourd'hui représentent trente-cinq millions : la mise hors annuelle pour les bateaux de poste, est de cent cinquante mille francs. Il joint l'Océan à la Méditerrannée, par la Garonne et le Rhône, à l'étang du Thau et à Cette, par les étangs de Beaucaire. Le canal est mis à sec dans les parties où il y a des réparations à faire. De Toulouse à Cette, il y a soixante-six lieues, qu'on fait pour vingt francs par personne. La nuit, on repose fort bien sur le bateau de poste ; le mugissement fréquent des eaux, que le passage des écluses fait entendre, répand dans l'âme une espèce d'effroi et quelque chose de dissonnant. En parcourant la seconde salle des voyageurs, quand le sommeil exerce son empire sur des personnes fatiguées des rudes travaux de la journée, on a l'aspect d'un camp ou bivouac. Les voyageurs, la nuit, au passage des écluses, croient entendre le tonnerre et des torrents de pluie, tandis que ce n'est que le versement d'une écluse dans l'autre. Le canal du Midi pourrait, à juste titre, figurer parmi les merveilles du monde. Malgré des essais, jusqu'à ce moment, on n'a pas réussi à remplacer les chevaux par la vapeur, à cause de l'ampleur des palettes et de la forme trop considérable de ces bateaux. Les contadins ont un dialect qu'il est impossible de comprendre ; mais plus riche que notre langue, il contient beaucoup d'augmentatifs et de diminutifs.

Près de Castelnaudary, on aperçoit le lac Saint-Ferréol, l'écluse de Fonseranne, la voûte du Malpas, l'excavation dans le roc à travers la plaine d'Argelier, l'Aqueduc de Cesse ; on voit, de ces lieux, la chaîne des Pyrénées ; la Montagne Noire voisine, et celles qui vont se perdre dans le Piémont ; on trouve la jolie Carcassonne ; peu après cette ville, une rivière traverse le canal, à quinze pieds au-dessous : déjà les muriers et les oliviers embellissent la campagne : nous voici à Montagne-Perrier ; le canal fait deux cents pas sous la montagne, dont les diverses couches de terre et les bancs de silex ont été excavés avec un art admirable ; après, on découvre la montagne de l'Odève, puis le front des Alpes ceint de neiges. De jolies avenues d'arbres accompagnent le canal, ainsi que des bordures de joncées, de naïadées et d'autres plantes marines ; les amigdalées sont parées de fleurs. En arrivant à Béziers, on descend, par 7 écluses,

75 pieds. De Castelnaudary à Béziers, la pente du canal est au moins de trois cents pieds. Il traverse l'Orbe, qui se décharge dans la mer, à Sevignan, petit village. Dans ces parages, les arbres n'ont point été soumis au nuisible tranchant; ils ont perdu peu de branches et sont majestueux : de beaux muriers bordent alors le canal, puis cessent les écluses.

Avant d'arriver au torrent de Libon, on voit le Canigou, le plus haut sommet des Pyrénées, ensuite Perpignan : on aperçoit encore la Montagne Noire, suite des Cevennes; de l'autre côté, on découvre la Montagne d'Agde; Saint-Loup surmonté d'un phare de première classe; Vias, village remarquable par les ravages du choléra; Agde, auprès. Ici, le torrent de Libon donne des eaux au canal. Pour empêcher la vase d'y arriver, un grand bateau se met devant la chûte d'eau, se retire plein de vase; vide, on le replace. Agde est composé de deux mots grecs, qui signifient *bonne fortune;* cette ville a été bâtie par les Phocéens, de pierres noires provenant d'un ancien volcan; les endroits qu'occupa le volcan sont couverts de vignes excellentes, d'oliviers : il y a même des bonnes terres à blé et des prairies; tout est cultivé sur cette montagne.

En face des côtes d'Espagne et de Barbarie, commence la navigation sur le lac salé comme sur la mer : nous quittons le bateau de poste, et nous montons un bâtiment à vapeur appartenant à l'administration du canal du Midi, pour nous rendre à Cette, traversée de quatre lieues. Plusieurs fois, dans ce court trajet, des voyageurs paient un léger tribut à la mer. Le lac est abondant en excellents poissons; le flux et le reflux ne s'y fait pas plus sentir que sur la Méditerrannée, qui l'alimente; d'aimables compagnons de route rendent notre voyage agréable. Au milieu d'une conversation animée, un jeune médecin, en démontrant que la grippe, maladie à la mode, a fait peu de victimes, grâce aux précautions hipocratiques, est tout d'un coup surpris par une rafale de vent qui lui enlève son chapeau à la hauteur des nuages, et qui l'abîme ensuite dans les ondes, sans espoir de retour.

CHAPITRE IV.

De Cette, Montpellier, Nismes, Avignon, Aix, Marseille à Toulon.

Nous arrivons ensuite à Cette, joli port de mer très-commerçant, couvert de navires, et dont les environs sont embellis par de charmantes villas ou baraquettes. Sa population est de 7000 âmes. Sitôt qu'un habitant de Cette a fait sa fortune, il se fixe à Montpellier. A Cette, une bonne barrique de vin vaut cent francs, l'eau douce y manque ; il fallait la faire venir de Montpellier; mais, depuis quelques années, on convertit l'eau de mer en eau potable, par la distillation ; puis on a creusé des puits à quelque distance. Notre table d'hôte fut mise en gaîté par un habitant de Castelnaudari, âgé de cinquante ans : il connaissait particulièrement M. Martin, capitaine de notre bateau de poste : Depuis qu'il n'était plus en nourrice, il quittait pour la première fois son hameau et son jardin : quarante lieues de chemin devenaient pour lui un voyage de long cours; il menait une vie réglée et douce ; et, comme le magistère Mathieu, il était la plus forte tête du lieu : une feuille de rose pliée sur son fauteuil l'aurait contrarié. Ainsi étaient les habitants de Sibaris; il faisait ponctuellement sur sa couchette le tour du cadran, mollement préparé au sommeil, et couronné glorieusement, à l'instar du *roi d'Yvetot,*

...... Par Jeanneton ;
D'un joli bonnet de coton,
dit-on.

Il nous excitait beaucoup à rire : il était tout ébouriffé, tout haletant, tout hors de lui-même, quand il venait à nous parler de ses fatigues depuis qu'il avait quitté sa demeure. Renonçant pour toujours aux excursions et à la gloire de passer pour infatigable voyageur, il préférait mille fois, à l'exemple de Cornaro, vivre avec une once de pain et un jaune d'œuf, pour devenir un modèle de longévité.

Au reste, dit-il, au milieu de nos éclats d'hilarité, et prenant sa montre, son seul régulateur, voici huit heures ; je suis déjà en retard pour aller goûter les douceurs du sommeil ; il nous souhaita le bon soir, et se retira précipitamment, ne voulant pas sacrifier un instant de repos. Nous saluons Frontignan et nous rendons hommage à Bacchus, en buvant pour un franc une excellente bouteille de vin de muscat ; ce nectar encore sur les lèvres, nous arrivons enfin à Montpellier : immédiatement nous parcourons la belle promenade du Pérou, dont la vue s'étend sur la mer, le Canigou et le mont Ventoux, ayant auprès un château d'eau qui fournit tout Montpellier, dans le voisinage duquel commence le pont ou superbe aqueduc formé de deux rangs d'arcades. La porte du Pérou est magnifique, le jardin botanique rivalise un peu avec celui de Paris. La cathédrale est ordinaire. Dans le chœur, il y a un assez bon tableau qui représente Simon le magicien tombant des airs, à la prière de Saint-Pierre. L'École de médecine, le Musée de peinture, la Bibliothèque augmentée du magnifique legs de M. Fabre, et la promenade esplanade sont très-importants. En général, c'est une belle ville, qui possède d'immenses fortunes ; le climat y est doux et l'air très-sain ; là git plutôt le riche que le brillant, des choses de prix que du clinquant et des colifichets ; c'est une ville de propriétaires.

Il y a peu de pauvres et pas de commerce.

Nous visitons ensuite Nîmes, qui possède un ancien débris de la grandeur romaine, une arène de la plus imposante magnificence ;

elle pouvait contenir 17,000 spectateurs. Le temple de Diane ou la Maison Carrée, qui a servi de modèle pour la construction de la bourse de Paris. Dans le Jardin Public tracé en amphithéâtre aux pieds de la Tour Magne, est un second temple de Diane, bâti depuis 2,500 ans, en pierres très-grosses du pays, sans chaux ni ciment; les oracles y rendaient leurs augures en trompant la crédulité par des souterrains et des conduits cachés, encore très-visibles. Quelle honteuse profession que de faire le métier, la jonglerie et le trafic d'abuser à son profit de l'ignorance des peuples! Présentement, les mystères d'Isis, les prestiges fantasmagoriques, sont dévoilés. A côté est une galerie où l'on égorgeait les victimes, puis un jet d'eau pour laver le sang. Le temple de Diane est soutenu par des colonnes en pierres du pays d'un seul morceau; auprès sont les Bains romains, objet d'un prix infini, aussi curieux dans leur genre que les chefs-d'œuvre de Saint-Cloud. La mer, qui était à trois lieues de distance, est actuellement retirée à quelques milles d'Aigues-Mortes, où Saint-Louis s'embarqua pour la Terre-Sainte, et à six lieues de Montpellier. Le moite élément quitte donc peu à peu un continent, et s'empare progressivement d'un autre; car aux inondations générales qui ont dû envahir le globe, et qui laissent tant de vestiges de leur existence, il est certain que les eaux dégradent et détériorent sans cesse les montagnes; que ces débris minéralogiques et végétaux, se déposant dans le bassin des mers, forment des continents, en exhaussent le fond, et obligent l'eau à se refouler sur d'autres plages, par conséquent, à faire des envahissements : aussi le fond des mers redevient, par suite, montagnes et terre habitable, montagnes que les volcans et les eaux, par des dégradations, peuvent élever à la hauteur des Andes et des Cordilières. La tour Magne, qui s'élève en forme de pyramide, servit jadis de phâre aux navires ; présentement, on y voit un télégraphe. C'est proche le coteau voisin du temple de Diane que jaillissent les sources d'eau qui alimentent les fontaines de la ville et le joli canal qui fait le tour du jardin. Les promenades sont charmantes, les églises n'ont rien de remarquable. Tout le monde admire la modération du jeune maire, qui, par sa conciliation et la sagesse de ses lumières, a su réunir les partis dissidents, et empêcher des flots de sang de couler.

Nous voici à Avignon; si calme, et dont l'existence a été si orageuse. La ville est belle et en général bien bâtie ; son principal commerce est le produit des vers à soie, qu'on y élève avec succès. Napoléon a répandu partout les trésors de son génie, il est peu d'endroits qui ne se ressentent de ses munificences; c'est encore lui qui a fait construire le fameux pont en bois d'Avignon, mais qui aujourd'hui a peu de solidité : les voituriers sont obligés d'user de beaucoup de précautions. Nous avons été parfaitement accueillis par les Invalides, en visitant leur établissement. Ces vieux défenseurs de la patrie, couverts de lauriers, n'ont rien conservé de la sévérité qu'impose l'habitude de la victoire; ils sont pleins de modestie, de courtoisie, et se plaisent à associer les vertus civiles aux vertus guerrières; la ville et la Cathédrale renferment beaucoup d'antiquités; la Cathédrale a le tombeau de Jean XXII; le Palais où résidèrent une longue suite de Papes ressemble à une forteresse, vaste bâtiment irrégulier flanqué de hauts donjons : nous y avons joui d'un magnifique panorama. Les rues sont sinueuses, étroites et pavées de silex aigu. Nous examinâmes avec curiosité le beau système militaire des remparts. La nouvelle salle de spectacle et l'aspect du jardin des plantes sont fort beaux. La fontaine de Vaucluse, à peu de distance de la route, immortalisée par Pétrarque, est située dans une gorge profonde, surmontée d'énormes rochers d'une couleur argileuse ; ces eaux limpides mugissent et roulent avec beaucoup de vitesse dans un petit bassin dont la surface est unie, et semble un lac que nul souffle n'effleure, empruntant au ciel les plus belles couleurs, le vert pâle et l'azur.

Nous sommes à Aix ; aux fontaines d'eau chaude, très-remarquables, ainsi que les bains à vapeur de Sextius, si propices intérieurement et extérieurement aux affections cutanées et rhumatismales. L'humanité consacre un de ces bassins aux misères et aux infirmités : là les disgraciés et les malades se livrent à de sanitaires immersions. Les bains de Marius, anciens vestiges romains, sont très-curieux. L'eau traverserait-elle des charbons de terre enflammés par du soufre et du bitume, traces volcaniques non encore épuisées ?

La façade de la Cathédrale est fort belle. On voit dans cette église le tombeau de saint Mitre : le baptistère est formé par huit gracieuses colonnes antiques de marbre et de granit, qui ont appartenu à un temple d'Apollon bâti sur le même emplacement. La place des palais de justice, a une belle fontaine ornée d'un obélisque surmonté par un aigle. La tour de l'horloge a des ressorts qui mettent en mouvement différentes figures, chaque fois que le marteau fait retentir le timbre. Les rues sont bien percées en général, ainsi que le quartier d'Orbitelle ; le cours est décoré de trois fontaines, celle du milieu donne de l'eau chaude, et, à l'extrémité de la promenade, est la statue du roi René, si cher aux Provenceaux. Les contadines ont sur leurs coiffes de larges chapeaux de feutre, qui les préservent de l'action des vents. Le pain est le meilleur que nous ayons mangé, ayant été fabriqué avec de l'eau thermale. Une partie des rues macadamisées, ne sont pas cahoteuses. La route d'Aix, quoique mal entretenue, est très-pittoresque. Le voisinage de Marseille réduit beaucoup son commerce. On traverse des montagnes au milieu de cascades, de jets d'eau formés par la nature, et de belles maisons de campagne. Quelques filles d'Arles, sur la route, attendent les voitures, comme Ruth allait à la conquête du cœur de Booz ; elles sont belles et ont des cotillons simples et courts pour laisser admirer la beauté de leurs pieds ; un bonnet de mousseline caché à demi sous un bandeau de velours, encadre leur front, et laisse sortir de jolies boucles de cheveux ; leur corsage est d'un beau velours; leur carnation, d'un blanc mat légèrement rosé : leur taille est svelte, et les contours de leur visage sont d'un gracieux infini : on dirait que la race sarrasine s'est mêlée à la race des francs dans les temps antiques. Arles, située dans une immense plaine, entre le Cran et la Carmargue, était l'ancienne capitale de Constantin : il ne reste plus de sa splendeur passée qu'un vaste colysée et les ruines de son théâtre. On traverse des bois d'oliviers et de mûriers; les montagnes continuent d'offrir en abondance des pierres calcaires.

Avant d'entrer à Marseille, on aperçoit le château du conventionnel Barras, qui domine une immense quantité de Bastides ou maisons de campagne, séjour les dimanches de récréation et de repos pour les habitants de Marseille.

On parle dans ces lieux l'idiôme provençal ; si on demande la Cathédrale, à Avignon, il faut dire la métropole ; à Aix, la commune, et non la mairie. Les douanes, aux portes de Marseille, nous font éprouver de minutieuses et inutiles difficultés; nous perdons au moins une demi-heure ; la modeste cariole, le simple cavalier, ainsi que les valises, sont exactement visités. Déjà, nous apercevons le Lazaret de Marseille, autrefois puissante barrière contre les invasions des épidémies, mais, qu'aujourd'hui révoque en doute la science si conjecturale de la médecine, qui donne la santé, tout en consommant trop souvent des victimes. Cette ville est encaissée entre des montagnes qui communiquent à la Méditerranée par un port que défendent deux forts et qui contient environ 1,200 navires. La promenade des quais est des plus curieuses; ou y voit une immense variété de nations, de costumes, de manières : ce sont des Génois, des Indiens, des Anglais, des Turcs, des Cabyles, des Grecs, des Américains, des flots de population, qui se promènent avec la plus grande décence, malgré la diversité des mœurs. Tant il est vrai que plus les hommes se communiquent et ont des moyens de relation, plus ils sont civilisés, et moins il y a besoin de gendarmes. La religion a peu de pompe à Marseille ; nulle part les églises n'ont moins d'importance et d'ornements : c'est une ville toute d'argent et de plaisir ; le commerce l'occupe entièrement, puis le luxe et la gastronomie. Il y a cessation complette de travail le dimanche, au point qu'un étranger pressé ne pourrait pas faire viser son passeport et repartir. La basse classe aime le luxe et l'extérieur; ils ont des appartements superbes ; le beau sexe est affublé de chaînes et de montres d'or ; il est vrai qu'un manouvrier peut gagner dix francs par jour. La vieille ville a des rues inégales et étroites ; la nouvelle, des rues et des maisons fort belles.

Comme dans le Midi, les maisons sont couvertes en tuiles d'une grande solidité contre les tempêtes, et n'ont pas besoin de réparations ; la tuile est mastiquée avec la chaux. Ce que nous avons eu peine à trouver, c'est la Cathédrale, située près de la mer, dans le plus vilain quartier, celui de Messaline ; c'était un dimanche, très-peu de personnes assistaient à l'office, et l'église est bien dénuée d'ornements. L'Entrepôt est d'une grande magnificence, les rues sont larges, alignées et garnies de trottoirs ; surtout celle de la Cannebière, bordée de belles maisons et de riches magasins, ainsi que celles de Montgrand, de Rome, d'Aix ; le cours, la promenade autour du port, l'un des plus beaux du Royaume, et la vue du Château d'If, ancienne prison d'état, forment un ensemble aussi agréable qu'imposant ; partout des fontaines ornées de jets d'eau. Dans aucun lieu l'immoralité ne se couvre de moins de voiles pour multiplier les jouissances ; aussi disent-ils, la ville est très-charmante. L'air y était froid ; nous avions senti à

Toulouse et à Marmande une douce haleine du printemps ; mais le mistral ou vent du nord durait depuis quatre jours, et multipliait les grippes ; ce n'est pas dans l'athmosphère qu'est le principe épidémique de la maladie ; ce qui la détermine, ce sont les inclémences et les variations de l'air ; ainsi l'air glacial du printemps, sans être une cause morbide et efficiente, a provoqué ces grippes ou phlegmasies des membranes muqueuses et pulmonaires, qu'une température plus douce aurait évitées.

On voit à Marseille les vaches et les chèvres boire aux fontaines publiques. Les quais, comme à Toulouse, sont pavés de briques placées debout pour éviter la dégradation : dès notre arrivée à Marseille, nous fûmes voir M. Gouin, négociant qui, sur l'affectueuse recommandation de M. son père, un des premiers banquiers de Nantes, nous fit un accueil de dévouement ; il nous procura sans peine une lettre de crédit sur les maisons de banque les plus considérables de l'Italie, entr'autres chez le millionnaire duc de Torlonia de Rome. Jusqu'à notre départ, il n'a cessé de nous prodiguer des marques de cordialité ; en cas de difficulté, dans les pays étrangers que nous allions parcourir, il nous a invités avec beaucoup de bienveillance, à nous adresser à lui.

C'est à Marseille que nous avons eu à nous occuper de nouveau de la grande affaire de nos passeports. A Nantes, on avait exigé que je prisse un passeport, un autre pour ma femme ; on en aurait exigé pour chacun de nos enfants et de nos domestiques, si nous eussions formé un cortège. On nous donnait ces passeports séparés dont le coût est de dix francs chaque, pour nous procurer une plus grande sécurité en Italie. A Marseille, on a été étonné de cette mesure divisionnaire et dispendieuse ; divisionnaire, en ce qu'on sépare deux personnes que la loi a rendues inséparables jusqu'à la mort ; dispendieuse, en ce qu'un passeport coûte au moins deux cents francs de droits dans toute l'Italie, et qu'il n'est pas nécessaire de dissiper l'argent français, ayant déjà un assez gros budget à combler ; eh bien ! nous nous étions donc munis de nos deux passeports consciencieusement et religieusement, lorsqu'à la Préfecture de Marseille, on n'a pas jugé nécessaire de grossir le fisc étranger : M. le Préfet a eu l'extrême bonté de retenir le passeport de Mme Mercier, et de la mettre sur le mien. Ainsi journellement se délivrent les passeports à Marseille. Quotidiennement les Anglais, nos devanciers dans le régime constitutionnel, voyagent avec leur nombreuse famille, un pompeux domestique et un seul passeport ; cette jurisprudence est tellement admise en Italie, que comme Mme Mercier, par cet incident, n'était pas portée au lieu ordinaire des passeports, mais bien dans un autre endroit qui demandait plus de recherches, on ignorait d'abord avec qui je voyageais. Pourquoi une semblable construction de passeport ; ils croyaient que cela provenait de ce que notre pays, refoulé dans les départements de l'Ouest, était arriéré et avait peu de relations avec l'Etranger. Quoi !

> Les Armoricains malheureux,
> Séparés du reste du monde,
> Ne connaîtront donc que l'onde,
> Ne seront connus que des Cieux !

On trouvait extraordinaire et tout-à-fait métallique, d'avoir deux passeports pour une simple conjugalité.

N'ayant point fait viser nos passeports à Paris, ce qui est fort inutile quand on va à Marseille, nous nous bornâmes, pour simplifier l'opération, à le faire viser au vieux Consul Sarde, pour aller à Gênes, afin, à Gênes, de le faire régulariser au Consul de Toscane ; à Florence, au Consul Pontifical ; à Rome, au Consul Napolitain, etc., et non à tous les Consuls à la fois, ce qui aurait exigé dans chaque ville, la répétition de formalités dispendieuses à tous les consulats.

La gendarmerie, dans la route, ne nous a demandé notre passeport qu'à Bourbon-Vendée et à Marseille.

Deux moyens se présentaient d'aborder l'Italie : celui de prendre le littoral de la mer par le Luc et Antibes, contrées si riches en beautés de la nature, ou de monter un bateau à vapeur, et de voguer pour la première fois sur les côtes. Comme nous voyagions dans le but d'admirer les merveilles du pays, la navigation sur la mer ne remplissait pas nos projets : aussi, malgré la recommandation que M. De La Borde avait eu l'honnêteté de nous donner auprès de M. Bazin, son beau-frère, propriétaire des bateaux à vapeur de Marseille pour l'Italie, nous nous déterminons à prendre la grande route de Toulon.

La voie publique n'est pas soignée, elle est même fort cahoteuse à travers de hautes montagnes couvertes d'oliviers. Autrefois, le brigand attendait le voyageur; mais la sollicitude du gouvernement a installé des corps-de-garde de gendarmerie : des mannequins mécaniques mûs par un voleur expérimenté, ne viennent plus inspirer la terreur.

CHAPITRE V.

De Toulon, Nices, à Gênes.

Toulon est dominé par la montagne Faran, le fort Rouge, Sainte-Catherine, et le fort la Marquise. C'est une assez jolie ville, mais bâtie irrégulièrement; mille ruisseaux descendant des rochers et des montagnes auxquels elle est adossée, circulent de toutes parts dans les rues, et une multitude de fontaines les recueillent; son port est magnifique, et prend tous les jours les plus grands développements.

Le Bagne compte parmi les forçats des colonels, des avocats, des prêtres, des notaires, etc. Notre guide nous fit remarquer, au milieu de ces groupes de pénitents, l'adroit escroc qui avait si bien dérobé les bijoux de Mlle Mars; habile industriel et excellent ferblantier; il a su se créer au bagne de petites richesses, des économies et un avenir dans la société; ses peines allaient se terminer.

La nourriture des forçats consiste dans du pain sec, de l'eau et une mauvaise soupe de fèves.

Nous avons monté l'*Hercule*, de cent trente canons, vaisseau du prince de Joinville. Les caisses à eau sont en tôle, elles se rouillent, mais l'eau reste bonne bien mieux que dans les tonnes en bois, que les vers corrompent. Tout l'Arsenal est magnifique ; on y voit une belle Scierie à vapeur ; dans le port, est une quantité de vaisseaux, de frégates, de goëlettes. Cinq mille forçats et cinq mille ouvriers civils y sont constamment occupés.

Toulon est une place de guerre de première ligne ; quoique dominée par des montagnes, la ville est protégée par des forts extérieurs. La vie y est fort chère ; ce printemps n'est pas le beau Ciel de Provence ; nous avions choisi cette époque pour voyager dans le Midi de la France, avec une douce température ; plus tard, nous eussions redouté un soleil brûlant et les ardeurs de la canicule. Les petits pois étaient rares lors de notre séjour, ils valaient trois francs la livre, les sardines, cinq sous la livre, le vin, trente francs la barrique : tout se vend à la livre, même le poisson.

Nous nous sommes trouvés dans un moment surtout où Toulon était très-animé. Douze ou quinze cents hommes allaient réparer, en Afrique, l'échec de nos armes, et remonter notre moralité belliqueuse. Nous avons pris possession de Constantine, pour reconquérir notre ascendant sur les Africains. La conquête de l'Algérie est un fruit précieux à la civilisation : abattre le géant de la piraterie qui chargeait de fers et de tortures tout ce qui n'était pas de son domaine, a été une œuvre de haute philantropie pour les nations européennes ; mais, avec la prise de Constantine, notre mission guerrière est accomplie ; dans les sublimes théories providentielles, notre rôle est d'être régénérateurs, et non des Tamerlan et de Gengiscan : il faut alléger le joug des nations et ne pas en apesantir le fardeau ; l'Afrique devenue la proie du cimeterre musulman, doit aujourd'hui être éclairée du flambeau si doux de la civilisation. Matériellement, nous ne pouvons nous maintenir dans de plus grandes extensions : nous développer au-delà, serait usurpation et rapine. Il faut cesser présentement d'argumenter par le glaive ; nous devons planter l'arbre de vie sur ces plages africaines, construire sur ces terres vierges d'une merveilleuse fécondité, appelées le jardin du monde, le nouvel Eden, le grand édifice de la moralisation et du progrès; nous devons briser les chaînes chez ces hordes de Cabyles qui les attachent à la glèbe, pour insensiblement développer en eux le rationalisme et le bonheur social. Nous devons réparer nos pertes de l'Inde, des Antilles, du continent américain, etc.; transformer fructueusement ces riches contrées en colonies françaises, où la surabondance de notre population ira trouver sécurité et une existence honorable, adoucissement aux concurrences sociales. Ainsi, dans la conservation de l'Algérie, nous n'avons que le but philantropique de propager le bienfait des lumières chez les Arabes, ensuite de nous offrir une ressource assurée contre notre exhubérance, pour faire écoulement aux carrières humaines trop entassées.

Dépenser de l'argent pour la conservation de cette colonie est un placement à intérêt; c'est une semence qui produira plus tard. Les Anglais, pour garder leurs possessions de l'Inde, n'ont pas craint de faire d'immenses déboursés dont aujourd'hui ils recueillent les fruits.

Limitons donc à Constantine le cours de nos succès; une mission plus distinguée et non moins laborieuse nous attend: celle de convertir à la vérité, à la liberté, aux mœurs, au progrès social des peuples abrutis par le servage et l'ilotisme qu'aucun soleil intellectuel n'adoucit.

Un autre système pénitentiaire surgira de notre nouvelle colonisation. Au lieu de faire ruisseler le sang sur des échaffauds, souvent aux yeux d'un peuple avide, semences vivifiantes du crime et du meurtre, surtout pour délits politiques, dont la mort a été au pays une source intarissable et irréparable de regrets amers, et d'encombrer les bagnes de Toulon et d'autres endroits de scélérats qui se consomment ordinairement dans la férocité et le brigandage : nos déserts algériens apparaîtront d'autres Botanibey, séjour de repentir et d'expiation, où des criminels se métamorphoseront en citoyens encore utiles à la patrie.

A Toulon, nous continuons de prendre le coupé de la diligence; nous avons pour la première fois un compagnon de voyage, M. le Marquis de C..... C'est absolument le portrait et le symbole des idées rétrogrades dans la vétusté et les couleurs caractéristiques : quoique la route, par les montagnes pittoresques, souvent couvertes de neige, et par de délicieux vallons où croissent si facilement le mûrier, le liège, l'olivier et la vigne aurait pu nous occuper, M. de C. savait parfois agréablement nous distraire ; il était fixé en Suisse, mais comme les hypothèques et les Invalides qui avaient pris inscription sur son corps, la goutte et le rhumatisme altéraient, l'hiver, son caractère, et le rendaient mari grondeur, épigrammatique; M.me la Marquise, pour avoir la paix, l'expédiait en Provence dans la saison des frimas : il nous dit qu'il venait de Montpellier; que son plaisir, dans son quartier d'hiver, avait été de lancer des satyres contre les beautés du Pérou. A son âge (on l'aurait cru octogénaire), malgré sa mise recherchée, sa tabatière à la mode et le triple marteau de sa blanche chevelure, on ne vit plus que de souvenirs et on ne papillonne pas.

Si, dans le printems de la vie, l'amour et les illusions lui dérobaient les revers de la médaille des déités chéries, des femmes que les fashionables trouvent délicieuses, présentement, qu'il n'était plus que glace, gravelle, pituite, caducité, le jugement exerçait sans prévention dans toute sa perfection son omnipotence. Il faisait une guerre à mort aux Dames de Montpellier : un petit nombre, suivant lui, étaient exemptes de contrôles, et avaient une auréole complette d'agréments. Mais il détaillait minutieusement et avec trop de sciences les imperfections de celles qu'il voulait atteindre ; rarement elles étaient pleines de grâces ; il les trouvait

4

presque toutes affublées de défauts saillants : on aurait dit qu'il les jugeait démodées et indignes de former la cour princière de Vénus et des divinités de l'Olympe. Ce controversiste suranné n'avait pas manqué un des bals, pour mieux apprécier la brillante galerie des toilettes.

Quelquefois, M. le Marquis se croyait encore au temps d'Henri IV et des chevaliers sans peur et à double lance ; il jurait après le postillon, voulant impérativement faire marcher le siècle à coups de cravache; mais le postillon se mettait en état de légitime défense, ripostait à M. le Marquis que la France progressait sous un gouvernement constitutionnel; que les hommes étaient égaux suivant la loi, sans mettre obstacle aux différences d'âges, de talents et de fortune.

Après nous avoir fait passer de bons momens, M. de C....., qui n'approuvait pas la théorie gouvernementale de Gravina, ainsi conçue : La réunion des volontés particulières constitue une société politique, et l'axiôme : la voix du peuple est la voix de Dieu, *vox populi, vox Dei*, M. de C..... donc nous quitta pour visiter son fils adoptif.

Dans un lointain, nous apercevons des groupes et des lignes noires; nous ne pouvons d'abord savoir ce que c'est, si ce sont des corneilles, une promenade lugubre ou des fantômes que le *Furioso* de l'Arioste fait manœuvrer pour défendre le rivage de son Italie; nous nous approchâmes afin de débrouiller cet apparent chaos magique : c'étaient au moins soixante femmes vêtues de noir et de crêpes funèbres, occupées à nettoyer d'herbes un champ de froment d'une très-petite étendue.

Nous passons quelques heures au Luc, puis nous franchissons sur un pont une petite rivière; ensuite la montagne Esterelle, d'une lieue de hauteur, au milieu des précipices; de là nous découvrons l'île Sainte-Marguerite, fameuse par le Masque de fer. Tout le monde ignore l'histoire de cet inconnu; qui sera toujours un problême, puisqu'il est facile de démontrer que ce n'était ni le duc de Beaufort, ni le comte de Vermandois. Mais, par cette notoriété de faits patents, où des lettres de cachet sans autre forme de procès vous enlevaient tacitement à la société pour vous livrer aux tortures et aux sousterrains, pouvons-nous ne pas avouer que de telles choses n'appartiennent pas au gouvernement représentatif appelé gouvernement par excellence selon Cicéron.

L'air est présentement embaumé par le parfum d'orangers en pleine terre, la nature déploie avec profusion ses richesses et ses magnificences; c'est ici le port de Canne, où débarqua Napoléon en sortant de l'île d'Elbe. Le bel édifice que l'on remarque dans le voisinage, est une manufacture de savon : un disgracié petit bossu, célibataire, opiniâtré à ne pas porter les chaînes d'or et de soie de l'hymenée, parce qu'il ne voulait pas qu'un cœur se dévouât à lui pour son argent, habite ces lieux. L'illustre M. Willaume, fabricant de mariages, tenterait en vain de s'intéresser à son sort pour changer sa destinée.

En face de cette usine est un petit ermitage. Des orangers de la plus grande beauté se multiplient, et présentent à nos yeux la plus intéressante végétation ; les myrtes, les chevrefeuilles abondent encore ici.

Fréjus est assez fortifié, on l'aperçoit devant Antibes : c'est là que débarqua, au sortir de l'Égypte, cette grande renommée militaire qui a pendant un moment imposé le joug français aux peuples de l'Europe.

Les approches de Nice sont un charmant jardin : nous voici à la frontière ; notre cœur se serre en quittant la France et nos affections ; la moitié du pont du Var est passée, nous sommes en Piémont. Immédiatement, gendarmes et douaniers étrangers visitent et notre passeport et nos malles; l'inspection est sévère sur notre petite bibliothèque, qui n'offrait aucun appât à leur voracité, ni aucune sollicitude à leur gouvernement absolu.

Nous entrons à Nice par la Piazza di Vittoria, assise sur un amphithéâtre de rochers qui s'avancent un peu dans la mer; Nice est entourée de montagnes et de collines qui rendent sa situation délicieuse; l'hiver y est un printemps continuel; aussi est-ce là que, de tous pays, on vient passer la saison rigoureuse; c'est une espèce de serre chaude pour les santés délicates. Quantité d'étrangers contribuent à augmenter l'agrément de la ville. L'été, les chaleurs excessives sont tempérées par une brise de mer.

Nous allons nous promener sur cette jolie terrasse, le long de la côte, d'où l'on découvre les montagnes de la Corse : le port a seulement dix-sept pieds de profondeur; il y a peu de navires : quelques bateaux à vapeur; mais tout près, se trouve Villafranca, importante par son port, où stationnent les galères du Roi. Les églises en général sont assez belles : nous avons eu la singulière surprise de trouver une dévotion du troisième ciel dans les militaires de la garnison. En entrant dans la Cathédrale, nous avons rencontré un régiment entier de moustaches envahissant les tribunaux de la pénitence; c'était un assaut de piété; nous étions, à la vérité, dans le carême; ils pouvaient avoir à expier les fautes du carnaval, qui est brillant à Nice. Au reste, leur ferveur était si grande que, tous les soirs, ils faisaient la procession; on aurait cru voir les soldats de l'ancienne Légion Thébaine.

Les maisons de campagne sont charmantes, couvertes d'oliviers, de mûriers, d'arbres fruitiers de toutes les espèces et surtout de citronniers, de limonniers, de cédrats et d'orangers; çà et là, sont des jardins et des bosquets habités par des Français, des Anglais et des Allemands. Le Grand Duc Michel de Russie hivernait encore à Nice quand nous y étions. On voit aussi de jolies femmes se promener le long du Paglion, les unes à pied et les autres à ânes, à l'anglaise; les maisons sont fort élégantes, et toutes peintes en vert, jaune, bleu, etc.

Le Théâtre est assez beau ainsi que les Bains. La vie est chère. On y trouve de bons restaurants et de bons hôtels.

La pensée n'a point un libre cours à Nice;

elle est limitée dans un cercle étroit de connaissances ; l'Archevêque est chargé de la police de la librairie, et d'exercer une espèce d'inquisition sur tout ce qui tient au domaine intellectuel : l'ignorance étant une des causes d'immoralité, les mœurs sont peu réglées, et la religion n'est pas pratiquée avec sincérité ; on s'en sert comme d'un auxiliaire pour arriver à l'accomplissement de ses désirs.

Le Consul de France s'est intéressé à notre position ; il a eu la complaisance de se charger de toutes les démarches pour le visa de notre passeport.

Nous partons de Nice pour Gênes, par le courrier, et nous traversons Menton ; la route très-variée et montueuse de la Corniche, qu'on appelle aussi la rivière de Ponen, est féconde en grandes émotions. Nous voici sur la principauté de Monaco : cette cité se compose de deux ou trois rues sur des roches à pic ; mille misérables y meurent de faim : un château délabré en est l'ornement. Un bataillon de troupe, compose l'armée de cette puissance. On y voit sur quelques arpents de terre, de beaux orangers, des oliviers, des mûriers épars en petit nombre jusque sur les roches. La misère y est extrême. Le Prince est un piccolo potentat qui exprime tous les sucs métalliques de ses sujets ; il a pourtant cinq millions de revenus ! Ses douaniers et ses carabiniers ne jouissent du bienfait d'aucune solde : ainsi que les oiseaux de proie, ils vivent de rapine, et regardent les voyageurs comme leur butin ; ils les étrillent et les rançonnent le plus qu'ils peuvent. Son premier magistrat jouit seulement du petit traitement de 600 francs. Nos compagnons de voyage étaient un sénateur de Nice et un négociant de Gênes. Le sénateur nous dit que les Italiens ayant la monomanie du poignard, les gouvernements, afin d'empêcher les assassinats, avaient fait des lois très-sévères et punissaient des galères ceux qu'on trouvait avoir des armes secrètes comme pistolets de poche, cannes à épées, etc. Ce grave aréopagiste, malgré l'austérité de mœurs qu'impose la toge, ne paraissait point insensible, ainsi que le génois, à la courtoisie, et si on eût donné pied, ils auraient volontiers cultivé le Sigisbéat en vogue à Gênes. Si les voitures publiques ont quelques désagréments qui, quand on veut se tenir, n'ont jamais aucun fâcheux résultat, elles ont l'avantage d'apprendre à connaître le pays. Dans sa voiture, que voit-on ? qu'entend-t-on ? On voyage comme si on ne voyageait pas. On revient chez soi après bien des fatigues, aussi vide et aussi dénué de connaissances qu'en quittant ses foyers. La route devient des plus montueuses et des plus effrayantes ; dans beaucoup d'endroits, une voiture peut seule passer ; des précipices et la mer sont à deux cents pieds ; la roue de la voiture, assez fragile, n'en étant éloignée que de quelques pouces, n'a point la garantie des parapets; la route est onduleuse et suit les inégalités de la mer : ce sont des montées et des descentes continuelles ; sur votre tête, des roches affreuses qui vous menacent et que les grandes pluies détachent souvent. Dans les orages et dans le bas des montagnes, s'improvisent d'horribles torrents et de petites rivières que la prudence ne permet pas toujours de passer ; il faut alors attendre l'écoulement de ces eaux, qui ne tardent pas beaucoup à se retirer. Les propriétés sont aussi chères qu'en France. Pour six francs par jour, on peut nourrir deux chevaux.

L'épine-vinette et le sorbier lancent leurs grappes de corail. Les plus faibles étendues de terrains inclinés sur l'escarpement des montagnes, sont aussi bien cultivées qu'un jardin ; dans tous les bouleversements de la nature, au milieu de ces rochers détachés des montagnes et retenus par des arbres élevés dans leurs intervalles, on voit des signes de la patiente et réparatrice industrie de l'homme.

Dans ces passages étroits, on rencontre de jeunes voyageurs ayant une blouse en toile grise, de gros souliers, un havre-sac renfermant un bagage où ils ont rarement recours, si on en juge par leur extérieur.

Nous changeons de chevaux, après avoir fait une lieue; le postillon s'arrête, dit au courrier qu'il venait de laisser tomber son manteau sur la route, il nous fait attendre plus d'une heure; il avait été le chercher chez lui. En France, tolère-t-on de pareils délais; les entreprises générales des postes souffriraient-elles de pareilles infractions. Un conducteur de chevaux ne serait-il pas immédiatement expulsé. Nous devons cependant le dire, à la louange des Italiens, nulle part nous n'avons trouvé de postillons et voiturins pris de vin ; ils ne s'enivrent point de *rosette*, comme à Marmande; presque toujours un postillon français rit, se dépite, chante ou jure tout le temps qu'il est en route; si une montagne ou quelques mauvais chemins l'oblige d'aller doucement, il fait claquer son fouet par dessus sa tête, pendant un quart d'heure, sans rime ni raison; tout ce bruit, ce mouvement, viennent de cette aversion pour le repos.

Un postillon italien, au contraire, mène quatre chevaux avec toute la tranquillité possible ; il ne chante, ni ne rit, ni ne s'impatiente ; il fume seulement, et, quand il approche d'un défilé, il sonne de la trompette, pour empêcher les voitures d'entrer par l'autre bout, avant qu'il ait passé. Si vous lui dites d'aller un peu plus vite, il se retourne, vous regarde en face, ôte sa pipe de sa bouche, et continue à suivre exactement le même pas.

Au milieu de la nuit, je ne dormais pas, occupé, dans un passage si difficile, à veiller aux jours précieux qui m'étaient confiés, lorsque les roues, à quelques pouces des abîmes, trouvent de grosses pierres pour obstacles ; nous allions verser, et descendre dans la mer, à quelques centaines de pieds. Je réveille les voyageurs, nous mettons à la hâte pied à terre, et nous laissons la voiture, avec notre Phaëton, vide de nos personnes, franchir ces périls. En attendant, quoique sur le minuit, guidé par notre sénateur et le génois, nous cherchons à visiter un Moulin à eau ; les meûniers se livraient à quelques réparations ; ils sont effrayés d'entendre des visiteurs nocturnes, ils croient aux farfadets et aux brigands ; nous revenons à la charge, nous les lassons, ils nous ouvrent ; ils aiguisaient des meules à la lueur lugubre d'une torche. Ayant eu un moment de conversation, nous remontâmes dans la voiture, qui avait déjà franchi la descente dangereuse.

A Final, nous sommes satisfaits de l'hôtel ; tout y est meublé à l'antique ; ce serait une bonne fortune pour les amateurs, puisque le rococo reparaît triomphant sur cette scène du monde. Nous fûmes fort bien traités, on nous fit manger d'excellents choux rouges et des fruits délicieux du Pomi Carli, fondant comme la beurrée d'Arembert. Le domestique de table ne trouvant pas notre appétit proportionné à la bonté de la cuisine, croyait, par scrupule de conscience, devoir nous exciter à faire honneur au dîner ; il nous disait avec candeur : Mangez autant que vous pourrez, que vous mangiez beaucoup ou peu, les prix de table d'hôte sont ici fixés.

Nous n'avons point encore vu d'aussi belles églises qu'à Final ; avant d'y arriver, nous avons eu à franchir la haute montagne de la Scatera ; les voitures montent au moins douze cents pieds pour les descendre ensuite ; des hommes sont postés de distance en distance, afin de prévenir les conducteurs de s'arrêter dans quelques endroits plus spacieux ; car deux voitures ne peuvent passer de front ; on descend par dix spirales parfaitement ménagées ; mais on est bien dédommagé des périls et des craintes par la vue magnifique dont on jouit sur ces hauteurs, qui forment une barrière hardie et soudaine ; ce sont de véritables limites naturelles.

L'aspect de ces montagnes est superbe, et produit dans l'esprit des sensations fort agréables, surtout lorsque la première fois Gênes et la Méditerranée s'offrent aux regards. En descendant une de ces collines couvertes de myrtes, d'oliviers, de grenadiers qui contrastent avec la stérilité du sommet des rochers, on oublie tout ce qu'on a enduré de pénible. Nous continuons la route ; c'est un beau bois d'oliviers que nous traversons ; plus loin, un jardin anglais composé de palmiers, d'orangers, de citronniers et de mûriers ; puis nous franchissons deux montagnes creusées en forme de voûtes ; il est impossible de voir des sites plus riants ; la nature était parée comme un printemps, la mer majestueuse s'élevait par fois jusqu'aux nues, venait mugir et expirer contre les rochers escarpés ; des vaisseaux, des embarcations, des bateaux à vapeur sillonnant les ondes, tout cela est une variété curieuse. Nous commençons à voir des buffles imposants dans leurs allures.

Nous arrivons à Savone, où le Saint-Père Pie VI, sous l'empire, a été détenu au Palais de l'Archevêché. Les femmes, déjà comme à Gênes, ont le voile ou le schal sur la tête. Les ordres religieux continuent de se multiplier. Napoléon, dans le court trajet de sa gloire, a rempli tous ces états de travaux immenses ; c'est lui qui a ordonné la route de la Corniche, si hérissée de difficultés ; il s'est fâché contre l'ingénieur en chef d'avoir organisé cette route sur les points saillants des montagnes, tandis qu'elle pouvait être pratiquée au bas des rochers. On a regardé cet ingénieur comme vendu aux Génois, qui voulaient par suite conserver leurs remparts en cas d'invasion et d'hostilités.

CHAPITRE VI.

De Gênes, Livourne, Pise à Florence.

Nous arrivons à Gênes, reine de la mer de Ligurie, vers onze heures du soir, et nous avions fait quarante-cinq lieues depuis Nice. Peu versés dans la langue génoise, nous eûmes un moment de difficulté pour nous rendre à la Croix de Malte. Notre facchino, c'est le nom des portefaix en Italie, nous faisant passer par des rues très-étroites, je crus qu'il ne m'avait pas compris, et qu'au lieu de nous conduire à un hôtel honnête, il nous dirigeait dans une habitation moins convenable; les rues devenant si étroites qu'on avait peine à circuler, je me tuais de lui crier en italien, qu'il se trompait, et que nous allions mal. Dans presque tous les pays chauds, les rues sont très-resserrées pour conserver de la fraîcheur; autrefois même, dans le temps des sièges, cela rendait plus faciles les moyens de défense; enfin, après avoir bien circulé dans ces ruelles, nous sommes à la Croix de Malte; c'est un véritable palais: le vestibule en mosaïque et des jets d'eau y répandent la fraîcheur ; l'escalier en marbre est fort glissant ; c'était pour moi une difficulté de monter et descendre, je craignais vaciller et me casser la tête ; notre chambre à coucher était magnifique ; nous n'avons vu nulle part plus d'élégance ; l'argenterie abonde et prend mille formes gracieuses. Beaucoup d'Anglais, et où n'en trouve-t-on pas ! habitaient notre hôtel. Sitôt que nous sûmes les bureaux ouverts, notre première occupation fut d'aller chercher, à poste restante, c'est l'usage en Italie, nos lettres de France. Nous en trouvâmes plusieurs de nos parents, une de M. Perrin, l'un des estimables avocats de Nantes, mon affectionné du premier âge, dont l'amitié a toujours été sans nuages, par l'excellence de son caractère, sur lequel nous pouvions compter comme sur nous-mêmes, ainsi que sur sa charmante compagne. Cet ami nous donnait des nouvelles de notre cher enfant. Les lettres étaient très-favorables ; la santé de notre rejeton allait à merveille. Nous remîmes immédiatement, à M. le Colonel Giraldes, Consul-Général de Portugal, des lettres que M. le Docteur Godillon, son beau-frère, nous avait chargés de lui porter ; M. le Consul, avec de pareilles recommandations, nous accueillit fort bien, ainsi que ses dames, et fit tout ce qu'il put pour rendre notre voyage agréable. A Gênes, les femmes du peuple sortent avec un voile de toile peinte ou de mousseline gracieusement jeté en arrière de la tête, qu'on appelle Mezzaro ; elles peuvent se promener seules avec ce voile, sans que personne le trouve mauvais : en général, les femmes sont mal mises, elles confondent la richesse et les ornements ; elles se fardent avec du blanc, et sont couvertes, même les jours ouvriers, de bijoux d'or et d'argent ; le dimanche, elles y ajoutent quantité de perles fines et de coraux : les dames, plus aisées, ont un voile blanc sur un bonnet qu'on nomme zendale ; les jeunes filles sont parées de leurs cheveux, et portent un petit éventail à la main ; les contadines quittent le voile pour travailler, et se mettent la tête nue aux ardeurs du soleil ; la haute société, autant que possible, dans toute l'Italie, suit les modes françaises : si nous ne pouvons plus exercer l'empire guerrier chez ces peuples, la preuve de leur constante admiration pour nos usages, est qu'ils cherchent toujours à les imiter.

Les jeunes personnes ne font point apparition dans le monde avant d'être mariées ;

on les met fort jeunes en ménage, toujours par intérêt; il en résulte que les caractères et les goûts sont souvent fort dissemblables, et, en outre, excités qu'ils sont par un climat peu tempéré, jugez de la bonté des mariages et des causes du sigisbéat. Les femmes de soixante ans ont autant de prétentions, de coquetterie, et sont aussi peu couvertes que celles du plus jeune âge.

Les épouses sont tellement circonscrites dans l'administration domestique, que le mari a le pouvoir absolu; une princesse n'avait pas seulement permission d'ordonner le thé ou le chocolat, le prince avait donné délégation à son aumônier pour ses soins culinaires : la maîtresse du palais ne pourrait commander le turbot à la sauce piquante, sans l'agrément d'un Mentor.

Les maris, qui, dans bien des pays, prennent si facilement ombrage, ici, ne sont point jaloux de la constante assiduité des chevaliers servants autour de leurs dames : ces sages maris, qui portent chez autrui les prévenances que d'autres jeunes hommes ont déjà introduites dans leurs palais, se rassurent et concluent de ce calcul qu'ils se surveillent respectivement, et conservent le bon ton et la décence.

A Gênes, on mange beaucoup de macaroni, de saucisson cru, de jambon, de parmesan et d'un mets succulent composé de macaroni, d'huile et d'ail.

Les Piémontaises ont une voix retentissante.

A Gênes, les chaises à porteur se nomment portantines. Le palais Durazzo est le palais des anciens Doges : l'église Saint-Laurent est la cathédrale ; mais celle de Sansyre est plus moderne et plus belle.

Les maisons, quoique très-élevées, ont de l'eau à tous les étages : la ville, bâtie en amphithéâtre, a la forme d'un demi cercle, dont une partie est occupée par la mer et le port; l'autre, par les Apennins souvent couverts de neige ; le port est dominé par une très-belle terrasse qui sert de promenade, et par le palais Doria, bâti sur le bord de la mer, à l'entrée de la ville, contre des rochers noirs et escarpés : ses colonnes présentent un aspect imposant sur ce port, où Christophe Colomb lança pour la première fois sa barque aventureuse, et commença ces périlleux voyages qui ouvrirent le chemin d'un nouveau monde, vers ces îles parfumées qui semblaient voguer comme des corbeilles de fleurs sur la surface tranquille de l'Océan. Dans cette mer des Antilles, dit Malte-Brun, les eaux sont si transparentes, qu'on distingue les poissons et les coraux à soixante brasses de profondeur. Le vaisseau semble planer dans l'air; une sorte de vertige saisit le voyageur, dont l'œil plonge à travers le fluide cristallin : au milieu des jardins sous-marins ou des coquillages, des poissons dorés brillent parmi les touffes de fucus, et les bosquets d'algues marines.

Dans la cour du palais Doria, on voit une statue d'André Doria, sous la forme d'un Neptune.

Des bandes de galériens travaillent à l'entretien du port, ou tirent de lourds charriots chargés de quartiers de marbre.

Le port franc est en avant de la ville; les marchandises de toutes les nations ne sont assujéties à aucune espèce de taxe; c'est un vaste entrepôt qui excite les étrangers à venir; rien n'est plus avantageux pour la prospérité d'un pays. Le peuple de la ville s'enrichit, mais, afin que le Gouvernement n'y perde pas, les marchandises qui doivent entrer dans la ville, par terre, sont assujéties à un droit de douane. A Trieste, à Venise, dans plusieurs autres localités d'Italie, riveraines de la mer, le port et la ville adjacents sont exempts de droits qui ne pèsent que sur les marchandises sortant ou entrant par terre. Jugez quelles richesses dans ces cités maritimes, quelle affluence d'étrangers viennent y porter leur industrie et leurs trésors.

A Gênes, il y a une telle liberté de culte, que les Turcs y ont une mosquée.

Les habitants ne balaient jamais devant leurs maisons. Des galériens enchaînés deux à deux, munis de longs balais, traînant avec lenteur un tombereau, nettoient matin et soir les quartiers de la ville.

Les fontaines n'ont aucune ressemblance avec celles du midi de la France; à Gênes, c'est une imitation d'après nature des rochers, qui font tomber l'eau goutte à goutte dans des conques à l'ombre des orangers, où bondit la gerbe d'eau vive sous des arcades de citronniers en fleurs. C'est un roulier qui fait désaltérer ses chevaux dans un petit bassin de Carrare; plus loin, des passants étanchent leur soif à des robinets pratiqués exprès.

Comme nous l'avons déjà dit, presque toutes les rues sont obscures, rapides, étroites; les voitures alors ne peuvent circuler, et les dames de distinction se font porter dans des chaises, précédées de plusieurs laquais. Les hautes et sombres murailles qui se trouvent en face des maisons, rendent les étages inférieurs extrêmement sombres et désagréables; les pièces d'honneur occupent ordinairement la place de nos greniers.

Une seule rue, en ligne irrégulière, qui prend les noms de Strada Nuovissima, Strada Balbi et Strada del l'Annunziata, se fait remarquer par la longue suite des palais Doria, Durazzi, Fiesque, Brignole, Serra, surnommé le Palais du Soleil; rien d'éclatant au monde comme cette succession monumentale de portiques, rangés sur deux lignes, divisés par un pavé de granit doré par cette douce et vaporeuse lumière que le Ciel italien aime tant à prodiguer; on passe des heures en extase devant ces portiques, ces escaliers défendus par des Lions; là se promènent de jeunes et jolies femmes nées pour ces bosquets et ces lieux enchanteurs : sur le pavé poli de ces dalles, passent légères d'autres femmes brunes, fraîches et blanches; souvent ce sont les Grâces, une procession et un cortège admirable de Vénus.

La Salle de Spectacle est aussi fort belle; l'étiquette, comme dans tous les théâtres d'Italie, est d'y rendre visite aux personnes qu'on connaît. La ville étant commerçante, le peuple est laborieux, mais le luxe est sa passion; les femmes excellent à faire des broderies qu'elles confectionnent avec autant de facilité que nos dames champêtres à tourner le fuseau. La rue occupée par les orfèvres est très-curieuse ; nulle part la bijouterie ne travaille aussi bien l'argent, qu'elle sait transformer de mille et mille manières : c'est une profusion d'ouvrages d'or, d'argent, de filigranes, d'agraphes, de bagues, de boucles d'oreilles, de chaînes, de peignes et de coraux.

L'église de l'Annonciation a dix-neuf autels en marbre ainsi que la chaire ornée de pierres précieuses, de dorures etc. ; elle appartient aux Franciscains ; on y voit plusieurs beaux tableaux : un entr'autres, au-dessus de la porte principale, représente un homme rompu sur une roue, avec tant d'expression, qu'on croirait qu'il a été formé d'après nature ; il y a encore un joli jeu d'orgues et des stalles fort remarquables. L'usage est de quêter avec de petits sacs attachés au bout de longs roseaux que plusieurs hommes font mouvoir à la fois avec cadence ; ils sont si agiles dans cette manœuvre que, n'étant point accoutumés à ce genre d'exercice, et surpris d'entendre soudainement derrière nous ce bruit argentin, nous détournant subitement pour reconnaître ce nouvel enchantement ; nous le fîmes avec tant de vîtesse, que nous manquâmes de nous disloquer le cou et de devenir torticols. C'est dans cette chiesa que nous entendîmes pour la première fois prêcher en italien ; peu accoutumés à l'euphonie de cette langue, où le geste est abondant, prononcé, et marche avec autant de célérité que la parole, nous crûmes que l'apôtre, dans un mouvement oratoire, allait s'élancer de la chaire, pour écraser dans sa chûte, comme une bombe éclatante, ses débiles auditeurs, et les réduire en cendre. Il y a beaucoup d'écorce de dévotion avec une alliance d'immoralité : l'église est souvent une réunion où l'on fait le sentiment, et où les brillantes toilettes de Gênes viennent se repaître de douces illusions, organiser d'intéressantes coquetteries qui finissent par n'être plus innocentes : tout cela est peu édifiant sous les voiles du sanctuaire. Des fashionables portent le livre de prières, offrent des fleurs à leurs maîtresses, et les accompagnent le matin à la chiesa de l'Annunziata. Le soir, à la promenade de Strada Nuova, ils présentent des bouquets où se mêlent le feuillage de geranium avec les fleurs de myrte, et les placent soigneusement dans le mouchoir brodé.

Nous avons vu dans l'église de l'Annonciade

le tombeau du duc de Bouflers, mort à Gênes, en commandant les troupes françaises.

Le palais Durazzo a un escalier magnifique, les mûrs sont enrichis de fresques, les planchers de marbres et les plafonds dorés. La galerie renferme une collection curieuse de statues, de sculptures et de portraits de famille par Tintoret. Le palais Spinola, remarquable par sa belle façade, possède une Vénus du Titien; vient ensuite le palais Brignoles, si intéressant par le portrait de la belle princesse Brignoles, improvisé, à son insçu, par le peintre Vandych qui, l'ayant vue à l'église, et brûlant de flammes pour sa ravissante beauté, put, de retour chez lui, parfaitement former sa ressemblance. Le prince Brignoles prie un jour Vandych de faire le portrait de son épouse; le peintre ne demanda que quelques heures de séance; seul avec la princesse, il ne s'occupa d'autre chose que de lui déclarer son amour. Il se retira passionné, et envoya immédiatement le beau portrait parfaitement ressemblant; tout le monde en fut dans l'admiration et la surprise; mais la princesse ayant été indiscrète, compta à son mari les sentiments de l'artiste; le prince en prit une telle colère, qu'il appela Vandych à un combat singulier; l'affaire se termina sans tirer la lance ; mais ce fidèle adorateur, consumé d'amour, périt peu de temps après, ne pouvant apaiser les feux qui le dévoraient.

Dans une des salles du palais Balbi, il y a un plafond décoré de fresques qui représentent la naissance de l'Homme, le Destin, le Temps, les Parques. On est occupé à terminer le palais de Christophe Colomb qui, avec celui de l'Université et de tant d'autres monuments, doivent être regardés comme admirables.

Les palais Doria et Ursi semblent avoir épuisé Carrare, et se reposent le front couronné de jardins. Le palais Serra, tout en marbre, est décoré de caryatides à l'extérieur : on vous reçoit aussi dans ces fabuleux salons de lapislasuli et d'or, à colonnades corinthiennes ornées de sphinx noirs, dont les hautes croisées s'ouvrent sur des pavillons de marbre : partout, dans ces nombreux palais, aujourd'hui séjour de solitude et de silence, sont des galeries de tableaux des plus grands maîtres. Le dimanche, dans cette cité, toute la gaîté et les parures des habitants étaient déployées ; le devant des maisons était plein de gens qui prenaient l'air en causant ; les boutiques étaient fermées ; à chaque vicolo ou petite rue, on voit un oratoire ; des madones avec des couronnes d'étain toutes neuves, les saints portant des guirlandes de lauriers, des lanternes de papier suspendues de tous côtés ; des chandelles brûlent devant ces autels en plein vent, et annoncent les fêtes pieuses qui doivent avoir lieu le soir ; partout on voit faire des offrandes, marcher des processions ; des moines et des religieuses prient ou mendient ; mais ils n'ont point la physionomie composée ni austère ; ils sont gais, ils rient, ils prient, ils chantent.

A notre hôtel, on nous a demandé si nous voulions du café au blanc ou au noir ; le luxe y brille, et les sonnettes sont répandues dans les lieux les plus modestes.

Dans des tratoreries, ayant été séduits par de fort mauvais ragoûts italiens, nous ne voulions plus nous rassasier que de poulets rôtis, d'œufs et de salades.

L'histoire de ce peuple puissant de l'Italie, de son éclat et de sa décadence est trop connue pour en faire mention. Les Italiens sont sous le gouvernement de princes absolus : l'autorité y est en général assez paternelle ; et la liberté n'est pas trop limitée, sauf la défense expresse de s'immiscer dans les ressorts du pouvoir, qui ne pardonne rien là-dessus. En général, les voyageurs qui ne visitent les peuples que pour s'instruire, n'ont d'autres désagréments que ceux des douanes et des passeports.

Dans des climats voisins des montagnes couvertes de neiges, et l'usage excitant les femmes à aller tête nue, il y a beaucoup de cécité, ce qui serait une bonne fortune pour les occulistes qui voudraient se fixer à Gênes.

Les services publics ne se font point avec la même prestesse qu'en France ; le courrier n'a pas tant de célérité ; après lui, il n'y a point d'autres entreprises que les voiturins. Cette manière de voyager est assez agréable pour connaître le pays ; le vetturino fait douze lieues par jour, vous couche et vous nourrit pour l'ordinaire assez bien, avec l'éternel macaroni ; vous trouvez encore des voyageurs souvent agréables qui vous font oublier les fatigues de la route. Le vetturino vous prend à votre demeure, et vous conduit à votre destination jusqu'à votre hôtel. En général, il fait plus cher à voyager en Italie qu'en France.

A Gênes, les maisons sont couvertes en ardoises ; les habitants sont fort civils et fort obligeants, quoique vindicatifs.

Les hauteurs qui dominent la ville sont couronnées, à leurs extrémités, de villas suspendues comme dans les airs ; la Méditerranée étend au loin ses vagues bleues, et la chaleur de l'automne est tempérée par des brises alpines.

La villa Pallavicini a la Grotte Pestiaire en coquillages admirablement disposés ; l'eau y tombe sous mille formes gracieuses. La villa Spinola, au comte Negro, charme à la fois l'imagination et le cœur : des gazons, quantité de ruisseaux, venant des montagnes, serpentent mollement dans les jardins anglais ; des fleurs brillent avec toutes les nuances de la verdure : ce jardin se compose, en grande partie, de pins, de cyprès, de mélèze, de chênes verts : à ces arbres divers se joignent ceux du printemps, des lilas, des tilleuls, des platanes ; le concert des oiseaux, le silence des bois, le murmure des fontaines, tout cela vous pénètre par tous les sens. Nous avons aussi remarqué de très‑beaux caféiers dans les serres chaudes. Les facchini se sont appropriés le partage de la ville ; les domestiques d'un albergo n'oseraient toucher du bout du doigt à un seul article de votre bagage, pour le transporter de la voiture dans la maison, sans s'exposer à de terribles représailles de la part de ces portantini. La plupart des villas décorant les points culminants des roches, sont inaccessibles aux voitures et aux chevaux ; on est obligé de se faire porter par les facchini très-adroits dans cette gymnastique, ayant les pieds aussi sûrs que les mules de Peblo.

Nous trouvions à nous rendre à Livourne, avec un voiturin, par Parme et Plaisance, villes qui n'ont rien de très-remarquable; mais nous étions bien aises, quoique cela fût plus dispendieux, d'essayer un voyage sur la Méditerranée, en bateau à vapeur.

A l'hôtel, on nous annonce qu'*Il Real Ferdinando di Napoli* allait partir dans quelques heures; nous nous empressons de traiter de notre voyage et de nos bagages; et, ayant fait nos adieux aux personnes qui nous avaient si bien accueillis, nous nous rendons peu de temps après à bord.

A peine sommes-nous embarqués, que nous apprenons que le *Pharamond de Marseille* doit partir à-peu-près à la même heure que nous : nous avions regret de ne pas faire ce voyage avec des compatriotes; nous fûmes heureux de nous lier avec un Suisse, négociant de Naples, extrêmement aimable, qui nous fit passer agréablement le temps : au reste, nous avons eu à nous féliciter des bons procédés de l'équipage.

La vapeur est échauffée, la fumée sort en abondance des cheminées en tôle, et s'élance dans les airs comme des nuages : le signal du départ est donné ; la clochette fait un bruit que les ondes répètent ; ainsi que les échos : nous levons l'ancre, et nous quittons peut-être pour toujours la superbe Gênes, emportant le souvenir de ses merveilles et de ses splendeurs : bientôt elle n'est plus pour nous qu'un point imperceptible sur l'horizon.

Sans être méchante, la mer devient houleuse ; nous croyons que, pour éviter d'être incommodés, il vaut mieux rester sur le pont ; M. Rœssinger nous donne à manger des bonbons en sucre ; nous nous repentons bientôt d'avoir cédé à ses politesses. Les exhalaisons alcalines et bitumineuses de la mer nous pénètrent, irritent notre estomac, et le prédisposent à des purgations déjà excitées par les vibrations répétées du navire. Au reste, nous ne sommes pas les seuls indisposés, et presque tous les voyageurs sont plus incommodés que nous : c'est un spectacle fort amusant (parce qu'on ne redoute pas la gravité du mal) de voir des cuvettes se distribuer partout ; les mousses occupés à nettoyer le pont, les figures se décomposer, devenir hypocratiques, les borborigmes, les éructations se faire entendre semblables aux coups de tonnerre qui se multiplient ; des voyageurs, tantôt comme de stupides statues enveloppés de manteaux et sans faire de mouvements dans la traversée, tantôt voulant circuler sur le pont, vaciller et tomber; les uns jurant, tant ils souffrent; les autres se roulant et se crispant; c'est comme si on avait pris de forts purgatifs. Les acclimatés à la mer rient et s'amusent de ces scènes burlesques. Suivant un habile naturaliste, l'union de l'air et du feu a produit l'acide primitif; l'acide primitif, en s'unissant à la matière calcaire, a formé l'acide marin qui se présente sous la forme de sel gemme, dans le sein des terres, et sous celle de sel marin dans l'eau de toutes les mers : cet acide marin n'a pu se former qu'après la naissance des coquillages, puisque la matière calcaire n'existait pas auparavant.

Parfois, la mer est phosphorescente; on voit sortir de l'eau, par les palettes, une lumière scintillante. La nuit arrive, les étoiles qui ornent la voûte des Cieux avec tant de majesté se reproduisent sur les ondes comme dans un miroir; mais l'agitation de la mer donne à ces globes lumineux une apparence de vitalité. Novices dans la marine, nous pensions toujours que l'air et la fraîcheur de la nuit nous empêcheraient d'être malades. Erreur, la transpiration suprimée agissant avec plus de force sur l'estomac et les intestins, augmentait le malaise qu'une douce transpiration aurait diminué.

Je veux faire un essai de notre chambre à coucher, afin de donner du repos à Mme Mercier ; mais j'ai peine à descendre l'escalier ; j'éprouve deux soulèvements d'estomac avant d'y arriver ; je remontai immédiatement ; ce ne fut qu'une heure après que la fraîcheur de la nuit se faisant sentir plus vivement, je déterminai Madame à y descendre. Sitôt couchés, nausées, mal de mer, efforts pour vomir, tout cela nous quitta pour toujours. Plus tard, sur l'Adriatique, nous avons pris ces précautions de l'hygiène ; nous nous sommes couchés : il paraît que la posture du lit est bien plus favorable à la santé contre l'impression de la mer. L'oscillation du vaisseau ne se fait pas autant sentir que quand on est debout ; alors la moindre émotion des vagues ébranle le corps entier et le dispose aux vomissements. Il y en a qui souffrent beaucoup et qui en sont cruellement affectés, d'autres le sont très-légèrement : nous nous sommes trouvés dans cette catégorie.

Enfin nous apercevons Livourne et son lazaret. Le *Pharamond*, quoique arrivé quelques heures avant nous, n'était pas encore débarqué; notre navire napolitain, ne marchant point aussi bien et étant venu le dernier, fut néanmoins expédié sans délai, en sa qualité d'italien. A l'instant, quantité de faquins nous entourent sur des pirogues, nous faisant offre de nous mettre à terre avec notre bagage; nous convînmes de prix pour quatre paoli ou deux francs, parce qu'on nous avait entretenus de ce qui était arrivé à un jeune Anglais qui, n'ayant pas passé de marché, ce qu'il faut toujours faire en Italie, débarqué, on eut l'effronterie de lui demander vingt-cinq francs. Rien de plus dépravé que les faquins de Livourne; un coup de couteau ne leur coûte rien à donner : il est bon, pour éviter cela, de prendre les plus grandes précautions, et de chercher à descendre avec quelqu'un du pays. Les autres canotiers que vous n'avez pas favorisés de votre choix, vous donnent mille malédictions dissonnantes, et vous font des grimaces toutes plus bizarres les unes que les autres, en forme de tête de Méduse, avec ses affreux serpents; ils ont l'aspect de satyres ou de harpies.

Livourne fait un commerce très-animé; le port, pour ce qui vient du dehors, est exempt de droits, comme nous en avons déjà parlé : les rues sont bien alignées; la population est active et aisée ; les cultes, quoique le gouvernement soit absolu, sont pratiqués avec une grande liberté : les Juifs ont un quartier à part, un cimetière et une synagogue des plus belles de l'Europe ; il est difficile de voir plus de richesses réunies ; nous l'avons visitée dans les plus minutieux détails, toujours le chapeau sur la tête, conformément à l'usage des Israélites. Le Judaïsme s'est conservé vivant au milieu de la sainteté ; comme un phare lumineux, pour montrer la base du Christianisme. Nous avions pris, à l'hôtel des Suisses, un domestique de place, afin de nous éviter les difficultés, de ménager notre temps et de voir en peu d'instants beaucoup de choses. Mais Livourne n'offre guère de monuments remarquables. Quant à notre guide, il était impossible d'en avoir un meilleur sous tous les rapports : il nous conduisit chez M. le vice-consul de Portugal, qui nous reçut parfaitement, sous les auspices de M. le colonel Giraldes ; nous admirâmes la beauté de ses appartements en peintures à fresques ; au lieu de parquets, c'étaient de très-belles mosaïques dont la durée est sans fin, et qui revenaient par salle à quatre cents francs ; je ne sais pourquoi nous n'importons pas ces usages magnifiques et splendides pour l'ornement de nos édifices, au lieu de riches tapis qu'il faut si souvent renouveler.

Il vient beaucoup de femmes grecques à Livourne, pour former un sérail et faire commerce de leurs charmes.

Nous allons ensuite nous mettre en fonds chez M. Violergrabaud, banquier, auquel M. Gouin de Marseilles avait eu la bonté de nous recommander; nous recevons de toutes parts les offres les plus gracieuses.

Nous avons visité plusieurs magasins, les objets de luxe et de toilette y sont d'une beauté infinie; nous nous sommes bornés à de jolies emplettes d'albâtre que, malgré l'emballage, la route a en partie brisées.

Nous cheminons au train de poste dans un voiturin pour Pise; nous essayions cette manière de voyager. Nous voici donc transportés au sein de cette délicieuse Italie, si féconde en souvenirs ! Nous foulons le sol sacré, patrie de tant de héros ! Nos yeux ne se lassent point d'admirer ; les moindres choses deviennent pour nous des merveilles et un motif de ravissement.

Les bœufs sont tout blancs ou tout noirs; ils ont un anneau au nez, comme les porcs de France, dans lequel sont passés des guides; ils sont aussi attelés avec des colliers. Les chevaux ont sur la sellette une éminence en amphithéâtre pour élever les brancards ; l'essieu aussi n'est pas au milieu de la voiture ; ils prétendent moins fatiguer les coursiers par cet appareil.

La terre est cultivée comme dans nos pays ; mais les vignes grimpent jusqu'aux sommités des ormeaux, et forment des guirlandes de verdure dans les champs.

Nous arrivons à Pise, en peu d'heures. Les rues sont pavées en larges pierres de moëlon ; nous apercevons la jolie chapelle de la Trinité, et nous descendons au bon hôtel Luxor. L'Arno sépare la ville en deux. Les femmes du peuple portent des peignes très-hauts d'étage. De grand matin, nous allons voir la piazza di Cavalieri et la fontaine San Ferdinando.

Santa Maria Della Spina, autrefois temple païen, d'une architecture gothique, mêlée à l'arabesque et à la mauresque, possède une tîge de la couronne d'épines de Jésus-Christ.

Le célèbre Campanile, comme il a été dit, le Dôme, le Baptistère, le Campo Santo, sont des monuments incomparables, et n'ont point de fracas autour d'eux ; ils s'élèvent sur une belle et verte pelouse semée de marguerites et de fleurs agrestes : rien de touchant comme cette association d'édifices catholiques.

Toute la vie du Chrétien est là : le Campanile semble se pencher sur la cité, pour appeler le néophite; le Baptistère le reçoit pour le faire chrétien; l'église s'ouvre pour le sanctifier; le Campo Santo pour l'ensevelir. La cathédrale a deux rangs de colonnes antiques, au nombre de quatre-vingt-dix.

Près la tour inclinée, ou le Campanile, qui nous a paru être la solution de la solidité du plan incliné, est une église magnifique ainsi que le Baptistère remarquable par un écho; le Campo Santo est auprès de ce groupe étonnant; c'est un vaste cimetière enrichi de peintures à fresques, de statues et de tombeaux d'une belle architecture. Tous ces marbres, toutes ces épitaphes, ce long cloître, ce silence, cette solitude, cette terre, ces grandes renommées, ces siècles, remplissent des plus touchantes émotions.

Les quais de Pise se dessinent avec pompe aux yeux du spectateur, surtout depuis la porte Della Piaggia à celle Del Mare : le palais et les belles maisons élevées sur ces quais, et les trois ponts qui ouvrent la communication des quartiers Sainte-Marie et Saint-Antoine, forment un coup d'œil séduisant, varié par les barques de pêcheurs et les bateaux de transport se croisant continuellement sur la rivière, qui se jette à deux ou trois lieues dans la mer. Dans l'église San Pietro, bâtie sur les ruines de ce port (car la mer a encore ici reculé ses limites), nous avons vu une large pierre où Saint Pierre attacha l'ancre de sa barque, quand il visita Pise. Sur la place des Chevaliers, on voit la tour nommée Torre Della Fame, dans laquelle mourut de faim le comte Gobino. En entrant par la porte du Luc, nous avons remarqué les ruines des bains de Néron, présentement occupées par des horticulteurs, et le canal de Livourne commencé par cet empereur.

Au carnaval de Toscane, on attache des morceaux de papier sur le dos des passants, on les accompagne en leur donnant un charivari, secouant autour d'eux des paquets de paille allumée ; une quantité de masques à pieds, à cheval et en voitures parcourent la ville en tous sens : on nous a même assurés que les femmes se masquaient et se plaisaient, sous des déguisements, à intriguer les signori.

Les amateurs de musique font généralement plus d'usage des instruments à corde que de ceux à vent : ils parcourent les rues et y répandent la gaîté et l'harmonie. Revenant de voir la tour inclinée, nous entendîmes de doux accents ; nous approchâmes, croyant voir une fête de musique ; c'était une réunion d'industriels chantant en partie, tout en faisant leur ouvrage, suivant leur pratique journalière.

La route de Pise à Florence est belle ; les grains y sont très-bien cultivés : nous coteyons l'Arno et les Apennins jusqu'à Florence. A Pistoie, les femmes portent des toques de velours : les deux sexes labourent la terre, avec de moyennes pelles, dont les manches sont très-longs ; les contadines sont laborieuses ; elles font des paquets de bois et tressent la paille avec un talent particulier ; l'habitude qu'elles ont d'avoir toujours la tête nue, leur occasionne de fréquentes ophtalmies et beaucoup de maladies d'yeux. Pistoie, petite ville de Toscane, s'honore de l'invention du pistolet. La maison de Michel-Ange Buonaroti est située rue des Gibelins.

La route continue d'être ravissante ; on voit encore des liéges aux formes pittoresques, aux branches pendantes comme des saules. Nous voici au milieu des riantes collines et des frais bosquets de l'antique Ausonie. La nuit nous surprend, seuls avec le voiturin, près des montagnes, nous appréhendons les voleurs ; enfin, vers onze heures du soir, nous entrons à Florence ; moyennant deux paoli de bonne main, les douaniers nous laissent passer sans perquisition; on retient notre passeport, dont on nous donne quittance; le portier de notre hôtel le fait viser le lendemain aux consulats, suivant nos projets; tout cela à l'ordinaire avec beaucoup d'argent, car les consuls s'engraissent d'une rétribution sur le pauvre pélerin.

CHAPITRE VII.

De Florence, Sienne à Rome.

Immédiatement un homme monte sur la voiture ; nous le prîmes pour un important de la douane, pas du tout, c'était un faquin qui venait faire sa moisson et se préparait à porter nos effets dans notre chambre. On nous accueille fort bien à l'hôtel d'Yorck, notre demeure à Florence.

Le lendemain, nous fîmes des recherches pour trouver nos amis, M. et M.lle Au Capitaine. M. Au Capitaine avait été secrétaire du prince de Saint-Leu. En qualité de Français, partout on avait le désir de nous obliger, même de nous conduire ; il arrivait que souvent nous nous adressions à de vieux officiers de l'empire qui s'empressaient de nous être utiles.

Nous voilà donc à Florence, cette capitale des états libres. Le gouvernement de son souverain le duc Léopold, est plein de tolérance ; aussi se croit-on encore au milieu de notre belle France. Le grand duc vit en bourgeois parmi son peuple, dont il est adoré.

Les habitants de Florence sont très-polis et font accueil aux étrangers ; ils ont beaucoup d'esprit et sont fort industrieux. Ce ne fut que chez M. Seguin, que nous pûmes savoir la demeure de M. Au Capitaine. M. Seguin est un célèbre industriel; il a déjà fait construire plus de trente ponts en fer en France, et plusieurs en Italie, entr'autres, deux sur l'Arno, à Florence. M. Seguin possède un des plus beaux palais de la ville, qui était jadis au cardinal de Retz.

Nous allons ensuite nous distraire aux Cascine, promenade de trois lieues de circuit, que nous fîmes sans nous en apercevoir; c'est une belle enceinte où se rendent les grands, la cour, les fashionables, quantité de chevaux et de voitures de luxe; il n'y a pas un garde municipal pour maintenir l'ordre; les Florentins sont trop civilisés et n'ont pas besoin de gendarmes ; ils n'ont pas non plus de barrières étroites pour faire suffoquer dans les fêtes, comme à Paris au champ de Mars; dans les Cascine sont encore une ferme du grand duc et un charmant jardin anglais, embelli par l'Arno, et où l'on voit errer les faisans, les lièvres, les cerfs pour l'amusement du prince ; les arbres sont décorés de lierre sous mille formes.

Aux Cascine, les équipages sont plus riches qu'à Paris ; de jolies calèches, d'une coupe tout-à-fait gracieuse, remplies de femmes élégantes et souvent très-belles, sont traînées par d'impétueux coursiers qui à peine touchent la terre, dans la vélocité de leur course. Boboli, jardin délicieux, est une charmante promenade digne de sa réputation. Les villas, aux environs de Florence, sont si nombreuses, que l'Arioste les compare à un émail d'anagalis couvrant la terre au printemps.

Sainte Marie des Fleurs, cathédrale de Florence, Santa Maria di Fiori, a été faite par Arnolfo di Lapo, sous la direction de son maître, Simabué ; l'auteur de la prodigieuse coupole qui représente le jugement dernier, est l'illustre Bruneleschi, qui fit l'admiration de Michel-Ange, et servit de modèle pour celle de Saint-Pierre de Rome. La façade est d'un aspect noble et harmonieux ; le marbre de diverses couleurs dont tout l'édifice est incrusté produit le plus brillant effet. Au-dessus d'une des portes latérales est une Assomption appelée *Mandola*, parce que la Vierge est représentée sur un médaillon qui a la forme d'une amende. A l'entrée de l'église, on est frappé tout d'abord de la beauté, de l'éclat du pavé mosaïque et de la variété des couleurs des marbres qui le composent ; cela semble vraiment un parterre émaillé de fleurs : de tous côtés apparaissent des inscriptions, des statues et des tombeaux. La châsse de Saint Zénobie, un des premiers sermonaires en Toscane, descendant de Zénobie, reine de Palmire, est ornée de bas-reliefs célèbres, en commémoration des miracles du Saint ; il est impossible de rien imaginer de plus gracieux que les dix anges qui soutiennent la couronne du dôme de cette châsse d'une si élégante simplicité. L'autel principal répond à tant de richesses, et derrière, sont deux belles statues d'Adam et d'Eve, puis une piété faite par Michel-Ange. Le Baptistère, autrefois temple de Mars, est aujourd'hui dédié à Saint Jean, et est séparé, ainsi que le Dôme et le Campanile, de tout autre édifice. Ce monument est surtout célèbre à cause des portes de bronze que Michel Ange disait être dignes du Paradis. Laurenzzo Guiberti en est l'auteur. La voûte est ornée d'une belle mosaïque. Du côté où l'on baptise les enfants, s'élèvent deux colonnes de porphyre ; de l'autre côté, les chaînes de fer suspendues à la muraille, sont un trophée de la conquête de Pise par les Florentins.

Le Campanile est très-bien conservé, malgré cinq siècles d'existence ; sa hauteur est de deux cent cinquante-deux pieds, mesure d'Italie ; il est dû au talent de Giotto ; c'est un édifice carré, en marbres rouge, blanc et noir.

La place de l'église de l'Annunziata est belle, large et ornée de la statue équestre du grand duc Ferdinand. Au côté droit de cette place, est la maison des enfants trouvés, où l'on nourrit une grande quantité d'orphelins.

Nous visitâmes l'église de l'Annunziata : voyant un grand concours de fidèles et, comme voyageurs, n'ayant pas le martyrologe avec nous, nous ignorions le motif de cette solennité ; on nous dit que c'était pour honorer journellement une image de la Vierge devant laquelle brûlent sans-cesse des lampes, qui, suivant une tradition, a été achevée par un ange, et qu'un peintre avait seulement ébauchée.

La chronique locale nous a aussi appris qu'au mois de mai, le plus bel âne qu'on pouvait trouver était chargé d'huile, de fruits et de vins ; et conduit processionnellement à travers l'église où ses offrandes sont reçues en grande pompe par les ministres du lieu.

L'Arno, alimenté par des sources qui viennent des montagnes, coupe la ville en deux parties liées ensemble par plusieurs ponts ; le principal est le pont de la Trinité, orné de statues symboles des quatre saisons.

Les théâtres de la Scala et de la Pergola ont un extérieur fort ordinaire, mais la musique est délicieuse, surtout à l'opéra ; il y a dans les rues adjacentes des trottoirs avec des chaînes en fer pour préserver d'accidents les piétons.

A la Pergola, les loges sont variées par des rideaux de soie de différentes couleurs : la salle est vaste et disposée d'une manière avantageuse à l'expension de la voix. L'odeur des mets succulents et des vins de liqueur vient affecter désagréablement les houppes nerveuses et nasales des spectateurs qui ne se livrent pas à la gastronomie, sur les bancs, comme ceux qui occupent les loges.

Les rues sont très-agréables à marcher ; elles sont pavées de larges pierres grisâtres qu'on appelle pietre forte. Il y a très-peu de belles boutiques ; les marchés sont malpropres ; les principaux sont Mercato Nuovo et Mercato Vecchio, au centre de la ville. Un boulanger vend en même temps de la morue, des harengs, de l'épicerie.

En général, le grand duc de Toscane et le roi de Naples, par leur bienveillante administration, rendent leurs peuples heureux, et le séjour de leurs cités agréable aux étrangers. Le grand duc a conservé les lis pour armoiries ; il se promène souvent sans garde au milieu de son peuple.

Devant l'ancien palais ducal sont, un Hercule, les Sabines enlevées ; le David de Michel Ange, Judith ; un Persée en bronze et la statue équestre de Cosme I.er : le vestibule est entouré de belles colonnes, et grand nombre de salles sont remplies de raretés. Nous y avons remarqué entr'autres, un cheval en marbre qui, se sentant né, demande la terre, et à en dévorer l'étendue ; sa bouche rejette des flots d'écume ; ses narines fument ; son œil sanglant laisse échapper des éclairs ; son poitrail ruisselle de sueur ; il frappe la poussière avec violence. Le groupe de la famille de Niobé se compose de quatorze individus ; puis une Magdeleine en marbre avec sa flottante chevelure sur les épaules. Cette place a encore une fontaine avec quatre statues de marbre plus grandes que nature, et quatre chevaux de bronze qui représentent la famille de Neptune, au milieu de laquelle ce Dieu est tiré par quatre chevaux marins, en marbre blanc, d'une grandeur colossale.

Dans la Rotonde, à Florence, se trouve la Vénus de Médicis, et près de l'église Saint-Martin est la maison qu'avait occupée Le Dante. Florence est la patrie de Machiavel.

Le cabinet en cire est fort curieux et donne le tableau fidèle des misères de l'homme. Il n'y a que Vienne qui en possède un pareil. Ce qui frappe le plus nos regards, sont ces pièces isolées, éparses, ensuite réunies, qui représentent toutes les parties du corps humain.

Ces salons d'anatomie sont admirables; les figures y sont de cire coloriée : on y remarque le commencement, les progrès de la maladie, imités avec une exactitude effrayante. La peste y est modelée, on peut dire au vif, sa naissance, ses phases, la fin et la corruption qui en est la suite; les cadavres, d'un vert foncé, couverts des taches livides de la contagion, rongés par des vers.

Dans la galerie du Musée, Niobé est grande, belle, au milieu du salon, ses enfants sont dispersés autour d'elle. Diane tient à la voûte comme à celle du firmament; de là, en punition de ce qu'elle avait empêché d'offrir des sacrifices à Latone, elle lance ses flèches sur ses enfants infortunés, tous d'un âge progressif. Niobé, vêtue en désordre, d'une longue robe dont une partie cache à moitié sa plus jeune fille, porte une main vers Diane dont elle veut parer les traits ; les figures expriment la douleur, la terreur, le désespoir ; ce groupe est composé de seize personnes.

Les palais sont magnifiques. Le palais Pitti, habité par le grand duc, est de grosses pierres de taille, situé dans un endroit bas ; de trois côtés, il est orné de belles colonnes, au quatrième, c'est un joli jardin ; la cour est carrée, il y a une galerie où l'on voit la statue de Scipion l'Africain.

Il y a aussi un petit palais, magnifique ouvrage de Michel-Ange.

Nous avons vu, dans l'église de Santa Croce, le tombeau de Michel-Ange ; le buste de cet habile artiste est accompagné de trois statues qui représentent la peinture, la sculpture, l'architecture ; celui de Galilée et du licencieux Bocace y reposent aussi.

Un monument sépulcral nous a surtout sensibilisés ; c'est le tombeau d'un jeune homme sur lequel repose, dans l'abandon de la vraie douleur, la charmante figure de la femme qui a fait ériger ce mausolée à son jeune et tendre époux, moissonné à Florence, en terre étrangère.

Dans l'église de Sainte-Marie, on voit le tombeau du fameux polyglote Pic de la Mirandole initié dans la connaissance de vingt-deux langues.

Les tombeaux des Médicis font le principal ornement de l'église Saint-Laurent. A côté d'un sarcophage sont deux figures colossales qui représentent le jour et la nuit, c'est un ouvrage de Michel-Ange : la figure du jour a l'air de se mouvoir sous le marbre ; une vigueur hardie se déploie dans chaque membre, et lui donne l'expression de la vie ; la statue de la nuit, au contraire, ressemble à la tristesse qui sommeille, on y lit cette inscription :

« *La nuit, que tu vois si doucement endormie, a été sculptée dans cette pierre par un ange ; éveille-la, si tu ne me crois pas, elle va te parler.* »

Le tombeau de la fameuse Laure est dans l'église de Sainte-Marie-Nouvelle.

La famille Bonaparte a fixé sa résidence à Florence.

Ayant entièrement renoncé aux mets italiens, au café, au chocolat, nous continuons à faire honneur au potage et au rôti, qui est fort bon.

Nous avons fait un pélérinage à la chapelle Del Monte, qui renferme de beaux marbres transparents.

La fontaine du Sanglier est contigüe à la

halle, où se fait le commerce des chapeaux de paille, principale industrie du lieu. Nous avons vu des chapeaux de paille de six cents francs, qui seraient d'une bien plus grande valeur à Paris; dans les campagnes, on s'occupe beaucoup de ce travail fructueux; ainsi donc suivant un poëte :

> Aux champs de la folie,
> Tressez dans un vallon,
> La paille d'Italie;
> Filles aux cheveux blonds;
> Devant la fraîche place
> Qui vous voit réunir,
> Le voyageur qui passe,
> Emporte un souvenir.

Il suffit d'être étranger pour être admis dans les fêtes publiques et particulières à Florence. M.me Catalani, cette fameuse cantatrice qui a tant de fois excité l'admiration de l'Europe, étant très-liée avec M. et M.lle Au Capitaine, nous a fait inviter à aller dans sa villa et dans son beau palais; elle a deux cent mille francs de rente, et elle accueille les étrangers de la meilleure grâce.

La mort impitoyable a privé les dilettanti de Florence de la présence de M.me Malibran, et le théâtre de la Pergola, de ses accents divins : ce souvenir arrache une larme.

Pressés de nous rendre à Rome, pour la Semaine-Sainte, nous avions pris le coupé de la voiture, afin de nous procurer plus de liberté, en cas que la société de l'intérieur ne nous convînt pas. Nous jouissions des conversations, sans être obligés d'y prendre part.

L'intérieur du voiturin se composait d'un ancien négociant de Lyon, d'un Belge et d'un jeune Allemand, qui voyageaient pour leur santé, puis d'une dame Sicilienne : la paix régna le premier jour dans la voiture : nous en avions quatre et demi à passer pour nous rendre à Rome : le Belge était le chevalier sans peur et sans reproche de la dame Syracusaine. Cette dame initiait à la vérité ces messieurs dans les sublimités de la langue italienne et dans les théories sentimentales. Trouvant que le Belge se livrait à une trop grande familiarité, nous préférâmes prendre nos repas avec le voiturin, et nous n'en fûmes que mieux servis. Le jeune Allemand très-érudit, avait altéré sa santé dans des excès scientifiques, il voyageait pour se distraire et reposer son esprit.

En sortant de Florence, on rencontre le petit bourg Casciano situé sur le sommet d'une montagne; on passe ensuite par Tavernella, Staggio, Bonicio; à quelque distance de Foggio, on rencontre la ville de Prato, où l'on fait du pain plus blanc que la neige.

De Florence jusqu'à Sienne, la route est une variété d'accidents fort curieux : souvent le voiturin est obligé de prendre d'autres chevaux comme auxiliaires pendant une couple d'heures : ce sont de continuelles montées et descentes.

Des querelles assez vives s'engagent ensuite entre le Lyonnais et le Belge, au sujet des places, et ces deux compagnons de route ont été en guerre pendant presque tout le voyage, ce qui souvent nous égayait beaucoup.

Nous entrons dans la ville de Sienne; le voiturin, à l'ordinaire, nous fait descendre dans le meilleur hôtel, à l'Aigle Noir : nous nous présentons à table avec un violent appétit. Nous n'avions demandé que du rôti; nous fûmes désappointés de le trouver aromatisé de sauge, d'autant plus que nous n'avions avec cela que des cervelles de chèvre et de mouton en friture; puis de grosses racines de fenouil en abondance, au dessert, pour continuer de nous régaler. Là, nous fîmes rencontre du voiturier qui a ramené en France le fameux logicien M. de La Mennais, et qui nous a donné des particularités intéressantes sur ce grand personnage.

Sienne est bâtie au milieu des montagnes; il n'y a que la rue qui traverse la ville depuis la porte Florentine jusqu'à la porte Romaine qui soit belle ; les autres sont tortueuses, il faut monter et descendre ; il y a des vignes dans la banlieue; la ville est propre ; l'air y est très-bon.

Il est impossible de parler italien avec plus de grâce et d'harmonie. Plusieurs comtes de Salimbeni se sont illustrés dans la peinture.

C'est à Florence et à Sienne que nous avons commencé à voir ces congrégations de charité masquées qui vont visiter les malades, qui rendent les honneurs aux morts. Nullement habitués à de pareilles costumes de dévotion, si proscrits dans nos pays; nous pensons qu'ils seraient capables d'exciter des maladies nerveuses, ou de donner des frayeurs à bien des femmes. Nous en vîmes plusieurs à la porte de l'Il Duomo ou de la cathédrale, quêtant pour les malheureux. Ces œuvres sont sans-doute excellentes, car le grand duc de Toscane et le roi de Naples en font partie, probablement et théologiquement masqués pour que la main droite ne sache pas ce qu'opère la main gauche, en fait de charité, suivant l'humilité du Livre-d'or.

Nous entrons donc dans la cathédrale, toute bâtie en marbre blanc et noir, au bout d'une longue et vaste place, sur un lieu fort élevé; on y monte par des degrés en marbre; le frontispice est orné de colonnes et de statues, la voûte azure est parsemée d'étoiles d'or : aux douze parties de la nef, sont les douze apôtres : dans la chapelle Chigi, il y a huit colonnes de marbre vert : le pavé mosaïque de la chapelle Saint-Jean est très-bien fait, et peint si bien le Sacrifice d'Abraham et le Passage de la Mer Rouge, que cela a l'air naturel. La sacristie est parée des trois Grâces dans la belle nature et dans la candeur virginale. C'est devant ces chefs-d'œuvres qu'on revêt les ornements sacerdotaux; un prie-Dieu est placé à leurs pieds.

L'hôtel de ville, que l'on appelle le palais de la Seigneurerie, est d'une magnificence extraordinaire, il est bâti en pierres de taille jusqu'au premier étage; ensuite, ce sont des briques; vis-à-vis ce palais, on voit une colonne que l'on dit avoir été autrefois un temple de Diane, et sur laquelle est une Louve d'airain allaitant Rémus et Romulus.

La forme de cette place ressemble à une coquille ; pavée de pierres blanches et de briques, cette place est ornée d'une fontaine que l'on appelle Branda, et dont les eaux sont fort saines.

Le costume est le même qu'à Florence ; les femmes portent le chapeau de feutre avec une fleur. La ville a des portes d'entrée et de sortie ; on ne peut y introduire de pigeons sans payer un droit d'octroi.

Nous quittons Sienne ; la terre commence à devenir très-ingrate ; cependant il y a parfois des vues magnifiques et pittoresques.

A Scala d'Orcal, l'albergo est très-agréable ; dans la campagne, on voit du froment, des fèves, des oliviers, des mûriers, tout cela dans le même champ ; des troupeaux de bœufs et de moutons se rencontrent souvent ; il y a encore des montagnes, des torrents qui se précipitent ; la température est froide, et la culture approche de celle de nos pays. Les jeunes filles portent des toques de velours noir ; les femmes âgées, des chapeaux de paille ou de feutre ; les hommes endimanchés ont des culottes courtes.

De jeunes artistes qui veulent admirer avec plus de temps et de liberté les harmonies de la nature, s'enivrer à longs traits dans l'ancienne capitale du monde, à la table exquise des grands maîtres de la peinture et des arts, et que leur fortune oblige d'agir avec économie, voyagent souvent avec le sac sur le dos et le baton, qui sert d'appui et de défense.

C'est à Aquapendente, au milieu des montagnes et des torrents, si remarquable par ses belles chûtes d'eau, que commencent les Etats Pontificaux, avec eux la plus affreuse indigence, parce que l'industrie n'a pas permission d'y pénétrer : les Jésuites, cette fleur apostolique pour les sciences et les belles-lettres, s'opposent à la moindre innovation : les habitants d'Aquapendente sont par conséquent sans énergie, pleins de paresse et de misère.

Quel contraste avec la Toscane ! Des hommes pâles et défaits, dont la fièvre et la pauvreté se disputent la frêle existence, apparaissent seuls, de loin en loin, sur des terres incultes; quelques autres, étendus au soleil, y présentent l'image du désœuvrement autant que de la pénurie.

Après Aquapendente, vient la ville de San Lorenzo : les roches et les cavernes continuent de se multiplier; la crainte bien fondée des brigands s'empare de l'âme au milieu de ces déserts : notre voiturin lui-même est inquiet; il parle bas, et ne fait pas claquer son fouet, de peur de donner l'éveil aux voleurs qui habitent ces contrées.

Nous arrivons à la très-bonne auberge de l'Aigle-d'Or, près le lac Bolsena, autrefois volcan de vingt lieues de circonférence. Ici c'est Viterbe, où nous dînons; les faquins, toujours paresseux et le manteau sur l'épaule, encombrent la ville : les fontaines sont charmantes, et les rues pavées en pierres très-belles et très-larges : nous faisons un bon repas à l'hôtel de la Renommée; la ville est environnée de vignobles, de jardins, de maisons de campagne. L'Il Duomo et le Palais du Gouvernement sont les principaux édifices; nous passâmes auprès des prisons, et nous aperçûmes des captifs qui faisaient descendre des paniers avec des cordes, pour exciter les passants à avoir pitié des détenus. Les montagnes de Viterbe sont très-élevées et couvertes de neige. M. De Bourmont, vainqueur d'Alger, s'est fixé dans ce pays; il y a acheté des terres considérables, et, comme Cincinnatus, il est maintenant à la charrue; son territoire est couvert d'immenses troupeaux.

Avant d'arriver à Montefiascone, on passe près d'une forêt autrefois consacrée à Junon. Nous trouvons la ville de Cornetto, celle de Tolfa;

on voit, à quelque distance de cette dernière, la route de Civitta-Vecchia, un des principaux ports des Etats Pontificaux, puis la voie de Pérouse. En sortant de la ville, il faut passer une montagne de difficile accès, sur le sommet de laquelle est la ville de Canapino; au pied de cette montagne, que l'on appelle Cincini, est la ville de Lagodi Vico. A Vico, le danger des voleurs se multiplie; nous arrivons à Ronciglione, brûlée par les Français, sous l'Empire, fameuse par ses papeteries et ses usines de fer, et nous descendons à l'hôtel du Lion-d'Or, où le voiturin nous fait faire un très-bon souper. En général, la table du voiturin est la mieux servie; nous buvons à longs traits l'excellent vin de Ronciglione : les hommes ont des manteaux à capuchon. Nous continuons la Campagne Romaine; le Gouvernement pontifical est aussi en arrière en agriculture qu'en industrie; ce sont deux ennemis redoutables qui, par les transactions sociales, pourraient devenir remuants et menaçants à la souveraineté temporelle des Pontifes, souveraineté qui fut primitivement concédée aux Evêques de Rome par les Rois de France : le talent dans la Campagne Romaine devrait aussi produire le centuple sous l'administration pontificale; malheureusement, il n'en est rien ; on ne voit que terres incultes, pas un village, pas un hameau, nulle trace d'hommes; ces campagnes fertiles du Latium, abandonnées à elles-mêmes, sont seulement paccagées par des troupeaux de chevaux, de bœufs et de moutons. Nulle fleur n'étale aux yeux son calice éclatant et embaumé; nul arbre n'élève vers le Ciel sa tête verte; parfois on distingue quelques sillons de blé jauni.

On passe ensuite au villago Monterosi; après cela, nous trouvons le lac de Bacano, avec des mines de soufre ; de là nous traversons il bosco di Bacano, bois autrefois très-dangereux à franchir, à cause des voleurs qui y circulaient en grand nombre, mais aujourd'hui, les routes ayant été élargies, on y passe en sûreté. Quand on est au bout de cette forêt, on découvre, du point culminant de la montagne, la ville de Rome : on descend ensuite dans une grande plaine, et on passe le Tibre sur un pont bâti autrefois par le censeur Scaurus. On voit encore les fondements de ce pont, qui a été refait, et qui s'appelle aujourd'hui Ponte-Milvio. Ce fut en cet endroit que Constantin, ayant eu à combattre contre le tyran Maxence, aperçut dans les nues une croix; Maxence vaincu, tomba dans le Tibre, où il se noya.

Pendant que le voiturin faisait manger l'avoine à ses chevaux, nous prîmes les devants, et nous cheminâmes quelque temps à travers des plateaux de montagnes où paissaient des troupes de cavales et de bœufs à longues cornes qui fuyaient à notre approche.

Sur la route, on aperçoit encore le tombeau de Néron d'exécrable mémoire ; il est une grande leçon aux rois pour user avec bienveillance de leur immense pouvoir ; aux peuples, afin d'apprécier ceux qui les gouvernent sagement, même dans la crainte de perdre le roi de bois de Lafontaine ; car suivant les principes du droit politique de Burlamaqui, en mettant en pratique la théorie de la souveraineté populaire, on expose la société aux cabales, aux intrigues et aux plus terribles explosions : le mausolée de Néron, que les siècles n'ont pas entièrement ravagé, subsiste encore au milieu des destructions, pour rappeler le souvenir d'un monstre : aucun autre monument ne nous signale le voisinage de l'ancienne reine du monde.

CHAPITRE VIII.

Rome.

Enfin nous entrons dans la ville sainte; nous sommes émerveillés de la beauté de la Place du Peuple, ornée de statues majestueuses. Au milieu, est un obélisque magnifique qui tenait au grand cirque et qui était consacré au Soleil par Auguste; les deux églises, au commencement de la rue del Corso, contribuent à l'embellissement de cette place.

Nous descendons à l'hôtel de Frank, strada Condotti; voulant immédiatement faire connaissance avec Rome, nous rencontrons un de nos compatriotes qui nous conduit au restaurant Bertini, dans la strada del Corso; nous nous y trouvons très-bien, à quatre paoli par tête, et nous nous décidons à y prendre habituellement nos repas; dès le soir, nous allons admirer le Colisée, ce chef-d'œuvre antique ou amphithéâtre destiné aux gladiateurs, aux combats de bêtes féroces, ensuite au supplice des Chrétiens : les fiers Romains sont devenus rampants et mendiants, la sentinelle s'approcha de nous, je crus que c'était pour nos passeports, pas du tout ; il ne nous demandait pas autre chose que la bonne-main.

Notre maître-d'hôtel devenant un homme de glace, parce que nous ne prenions pas nos repas chez lui, nous nous décidâmes à louer un appartement près du restaurant.

Le lendemain de notre arrivée, nous adressâmes, par hasard, la parole, en visitant la cité, à M. de Zamboni, neveu du général du château Saint-Ange ; en qualité de Français et d'étrangers, il nous fit le meilleur accueil, nous témoigna beaucoup d'intérêt, nous proposa de nous promener et de nous faire voir la capitale du monde chrétien.

Nous traversâmes donc ensemble le pont Saint-Ange, sur le Tibre, qui est orné d'une balustrade en marbre, des statues de Saint Pierre et de Saint Paul, en marbre, plus grandes que nature, et des Anges qui portent les instruments de la passion.

Le Tibre n'a pour lui que l'auguste majesté de l'histoire.

Avec M. de Zamboni, les troupes nous laissent passer et nous entrons dans le château Saint-Ange ; bâtiment rond, que l'empereur Adrien fit élever pour lui servir de tombeau ; cette tour est terminée en plate-forme sur laquelle il y avait autrefois plus de sept cents statues ; le tout était surmonté d'une pomme de pin en cuivre doré contenant les cendres de l'empereur ; elle est d'une grosseur prodigieuse ; nous l'avons vue au jardin du Vatican.

La peste étant dans Rome, le pape Grégoire I.er fit une procession et, en passant sur le pont Ælius, présentement pont Saint-Ange, il eut la vision d'un Ange qui remettait une épée ensanglantée dans le fourreau ; la peste ayant cessé, le pape, en action de grâces, fit mettre la statue d'un Ange sur le haut de cette tour : nous avons admiré un fort beau tableau dans une chapelle dédiée à Saint-Michel, qui représente cette histoire. Voilà la cause du nom du château Saint-Ange.

M. de Zamboni nous fit voir les beaux magasins d'armes et de poudre, et l'endroit où l'on garde la tiare qui sert au couronnement des papes et où est le trésor de l'église.

Nous fûmes ensuite explorer la place Saint-Pierre, formée de deux portiques dont la beauté surprend ; ils sont soutenus par trois cent vingt colonnes qui forment trois allées de chaque côté, par le moyen desquelles on est à couvert jusque dans l'église : au-dessus de ces portiques sont de vastes galeries ornées de quatre-vingts statues : au milieu de la place, il y a un obélisque en granit apporté d'Egypte à Rome, et trouvé sous le cirque de Néron ; cet obélisque, de figure quadrangulaire, finit en pointe, et au haut, il y a une croix de bronze doré renfermant un morceau de la vraie croix : cet obélisque est accompagné de deux belles fontaines qui jettent des gerbes d'eau.

L'église Saint-Pierre est d'une grandeur et d'une dimension si majestueuse, qu'on pourrait, par tous les endroits, la mettre au rang des merveilles du monde ; elle ne saisit pas d'étonnement à la première vue ; non fugitive comme les météores, étant un chef-d'œuvre du génie, il faut l'examen, l'étude de ces nombreuses perfections, pour se livrer à une juste appréciation, pour s'abîmer dans toutes ces dépenses et ces épuisements de l'art, de la peinture, de l'architecture, du bon goût, des mosaïques, des fresques admirables.

Constantin et Charlemagne, sur des coursiers grâcieux et lyriques, signalent l'entrée de la superbe basilique. Toutes les richesses des idoles ont été splendidement métamorphosées par l'éclat ultramontain.

Le Saint Pierre, en bronze, si en vénération, dont le pied est usé par la piété des fidèles qui lui donnent un baiser et qui reçoivent en échange le trésor de l'indulgence, était originairement Jupiter Olympien, que le zèle des Apôtres a ainsi transformé.

L'église Saint-Pierre est si grande, que généralement elle paraît déserte de population : dès l'entrée, vous apercevez deux Anges d'un aspect ordinaire, à mesure que vous en approchez, ils grossissent ; à leurs pieds, ils sont d'une grandeur démesurée ; et soutiennent de riches coquilles pour l'eau bénite.

Il n'y a point de sièges consacrés au repos des fidèles ; on voit errer des curieux, des admirateurs de peinture, des pélerins et des bergers des Abruzzes et de la Calabre, qu'on rencontre coiffés du chapeau pointu qui penche sur une de leurs oreilles. Les épaules couvertes du manteau brun descendant jusqu'aux genoux, les hanches entourées d'une peau de mouton garnie de sa fourrure, et chaussés à l'antique, d'une sandale fixée avec goût par une bande qui entoure plusieurs fois la jambe et en fait ressortir la beauté.

Il faut aller tous les jours à Saint-Pierre, et le voir à toute heure, car tous les jours et à toutes les heures, il a des effets nouveaux et inattendus ; la matinée appartient aux pompes de la messe, elle s'y célèbre avec un luxe qui sied à la magnificence du lieu; les robes rouges et blanches des officiants, la robe noire du chanoine, à longue queue traînante, est portée par les enfants de cœur, vrais pages de ces gentils hommes de l'Autel.

Le dôme de Saint-Pierre est un ouvrage qu'on ne cesse de regarder; la voûte est en mosaïque, soutenue par quatre gros piliers. Au bas de ces piliers, il y a quatre statues en marbre, plus grandes que nature, qui représentent Sainte Véronique, qui conserve la face de Notre-Seigneur empreinte sur son voile. Les autres statues sont : Sainte Hélène, Saint André et Saint Longin.

Les deux lions majestueux de Canova, comme des sentinelles vigilantes, gardent l'entrée du sépulcre de Clément XIII.

De quelque côté que l'on arrive à Rome, on voit toujours ce bel édifice ; aussi, des galeries de son Dôme, on jouit d'une des plus belles vues de l'Italie. Les pénitents, occupés à casser des pierres près de l'escalier qui conduit au haut de l'église, sont, d'après ce qu'on nous en a dit, des gens qui, n'étant pas assez riches pour se marier dans des degrés de parenté défendus par les canons, gagnent des dispenses à la sueur de leur front.

Le grand Autel de Saint-Pierre est directement sous le Dôme ; le devant regarde le fond de l'église, en sorte que le célébrant, ayant toujours le visage du côté du peuple, ne se retourne point suivant la liturgie.

Rien ne peut égaler la magnificence de cet Autel ; il est tout de marbre, et quatre colonnes de bronze torse, ornées de festons composés de feuillage et d'abeilles, soutiennent un dais magnifique, tout en bronze, qu'on a ôté du Panthéon ; quatre Anges posés sur le haut des colonnes, et d'autres moins grands qui ont l'air d'errer sur la corniche, donnent une majesté toute singulière à ce superbe Autel. Au pied de cet Autel sont deux escaliers en marbre qui conduisent au tombeau de Saint Pierre, où il fut, dit-on, enterré.

Tout reluit d'or et d'azur dans Saint-Pierre ; les piliers sont revêtus d'un marbre poli et éblouissant, les voûtes sont de stuc à compartiments dorés. Le pavé est tout en marbre ; au-dessus de la porte Sacrée est un Saint Pierre, en mosaïque, objet d'admiration.

De superbes mausolées font un des plus beaux ornements de ce magnifique temple, celui de la comtesse Mathilde est un des plus considérables.

L'Autel sur lequel est la Chaire de Saint

Pierre, est d'une beauté et d'une magnificence achevée ; cette chaire, qui n'est que de bois, est enchâssée dans une autre Chaire de bronze doré, environnée de rayons étincellants par le soleil et soutenue par les quatre docteurs de l'église.

Il n'est pas une mosaïque représentant un Saint qui n'ait demandé huit années de travail à l'ouvrier, et Saint-Pierre est plein de ces chefs-d'œuvres.

Le mausolée de Paul III est remarquable par deux statues de marbre blanc, la Vieillesse et la Jeunesse, qui approchent si fort du naturel, qu'on a été obligé de donner, à la statue de la Jeunesse, une chemise de bronze pour éteindre les passions de quelques artistes impressionnables qui en étaient devenus amoureux.

Celui d'Alexandre VII est aussi fort beau, il y a quatre statues au milieu desquelles on voit la mort qui sort de dessous un tapis en marbre.

Enfin, pour arriver au Vatican, nous traversons une haie des gardes du Pape : ce sont des Suisses en uniforme bariolé de jaune, rouge et bleu, en culotes courtes et en fins escarpins, avec chapeau à plats bords relevés. Des salles immenses se présentent pleines de statues, de vases antiques, de bains romains, et vous jettent dans de continuelles surprises d'admiration.

Le palais du Vatican est contigu à Saint-

Pierre et n'est pas régulier ; on y monte de cette église, par un escalier magnifique : chez lui, le Pape est habillé de Damas blanc avec un rochet et un camail rouge sur les épaules. Les appartements de Sa Sainteté sont tendus de velours rouge et galons d'or l'hiver, et l'été d'un Damas cramoisi orné de crépines d'or. Son cabinet est rempli de curiosités : dans la chambre où il couche, il y a une pierre blanche transparente représentant la Vierge et l'Enfant Jésus, qu'on estime un million.

La Bibliothèque est magnifique ; les jardins du Vatican sont délicieux ; les promenades agréables, couvertes d'orangers ; des bustes, des statues antiques, des jets-d'eau qui s'élèvent si haut, qu'ils semblent vouloir se perdre dans les nues : on voit la mer artificielle sur laquelle vogue, à pleines voiles, une galère armée de ses canons ; on fait faire la manœuvre à ce vaisseau, on fait une décharge de cette artillerie, et, au lieu de boulets, on voit sortir une quantité d'eau de tous côtés.

L'appartement du Musée surtout, appelé le Belvéder ou Belle-Vue, renferme dans des niches, les plus belles statues antiques, une Louve qui allaite Rémus et Romulus, Antonius, une Vénus sortant du bain, un Apollon avec le Serpent Piton, un Hercule ;

dans une niche, ornée de coquillages et de mosaïques, est la statue de Cléopâtre dans la même attitude où elle était quand elle se donna la mort; plus loin, les statues du Tibre et du Nil, une Vénus qui regarde l'Amour, son fils; Laocoon avec ses deux enfants, que deux serpents tiennent enveloppés, le tout d'un seul bloc de marbre.

A notre arrivée à l'hôtel, nous trouvons une lettre de M. Billotie, de Livourne, ami intime du Secrétaire du Capitole, dans laquelle il nous exprimait que sympatisant avec les Français et aimant beaucoup notre nation, il nous faisait offre de service pendant notre séjour à Rome; que, familiarisé dans l'étude de Rome antique et moderne, il nous aiderait de tous ses efforts; j'acceptai la proposition de cet obligeant étranger qui nous a constamment tenu parole.

Au lieu de musique jusque dans les rues et sur les places publiques, qu'on aime tant à entendre en Italie, il est vrai que nous étions dans le carême, ce n'étaient que processions masquées de camaldules et de flagellants qui se fustigeaient et se donnaient de la discipline,

<blockquote>
Psalmaudiant psaumes et leçons,
Sans y mettre tant de façon.
</blockquote>

Nous avons entendu des camaldules capucins prêcher au Colisée, en plein air ; cette arène, où les martyrs ont succédé aux gladiateurs, s'appelle Chemin de la Croix ; les camaldules se revêtent, pendant les exercices religieux, d'une espèce de robe grise qui couvre entièrement la tête et le corps, et ne laisse que de petites ouvertures pour les yeux. Ces hommes, ainsi cachés sous leurs vêtements, se prosternent la face contre terre et se frappent la poitrine. Quand le prédicateur se jette à genoux, en criant miséricorde et pitié, le peuple qui l'environne, se jette aussi à genoux, et répète les mêmes cris qui vont se perdre sous le vieux portique du Colisée.

Le Colisée, construit par trente mille Juifs, se trouve vis-à-vis du palais des empereurs. On aperçoit encore le plan de Jérusalem, tracé par ces malheureux captifs, touchant souvenir de la patrie ! il y avait trois galeries couvertes, dans lesquelles cent cinquante mille personnes se plaçaient ; douze chariots pouvaient y courir à la fois ; le milieu était orné d'obélisques, de colonnes et d'un grand nombre de statues. Quel coup-d'œil ! quel tableau ! quel étalage de ruines ! les unes portent l'empreinte de la main du temps, les autres de la main des barbares : à travers tous ces débris, le lierre, les ronces, la mousse, les plantes rampantes, on croit entendre les mugissements du lion, les soupirs du mourant, la voix des hommes, les applaudissements des Romains.

Au milieu s'élève une croix, et, tout au tour, à égale distance, s'appuient, sur les loges où l'on enfermait les bêtes féroces, quatorze autels.

Nous nous sommes promenés dans toutes les parties du Colisée, nous sommes montés à tous les étages, nous nous sommes assis dans la loge des Empereurs. Quel silence ! quelle solitude ! On rencontre dans tous ces corridors la petite chouette des masures volant presque sur nos têtes ; quand nous passâmes sous les portes voûtées du Colisée, le hibou aux ailes jaunes jetait son cri du haut du clocher du Capitole.

Combien le silence de la nuit ajoute à la beauté du monument ! Nous étions dans une sorte d'extase, tous les grands souvenirs se présentaient en foule à notre imagination : nous jouissions de tout le passé. Les noms de César et d'Auguste erraient sur nos lèvres : nous appelions ces grands hommes sur les débris de leur patrie. Nous croyions encore entendre Corine se livrer à ses admirables improvisations, etc., etc.

Ce qu'il y a de plus curieux dans les environs de Rome, c'est surtout Tivoli ; nous prenons une voiture pour nous y conduire, et nous roulons sur la voie romaine appelée Tiburtine : notre compagnon de voyage était Rossini, compositeur de musique à Saint-Charles et à la Pergola, neveu du célèbre auteur dont les heureuses inspirations règnent en maître absolu sur le cœur des dilettanti. Il parlait aussi bien le latin que sa langue natale. Nous sentons une odeur de soufre, et nous voyons le lac d'eau bleuâtre de la solfatare ; quand on y jette la moindre chose, l'eau bouillonne ; nous achetons des pétrifications de ce lac de soufre. En avançant vers Tivoli, nous rencontrons, aux pieds des montagnes, plusieurs ruines parmi lesquelles domine le tombeau de Plautius.

Arrivés à Tivoli, nous traversons l'Anio, qui tombe en bouillons impétueux et se précipite avec fracas ; nous descendons dans la grotte de Neptune, montagne de roches, qui s'avance sur un abîme épouvantable. Dans le fond de ce gouffre, on voit encore sur le sommet les temples de Vesta et de la Sibylle : les nombreuses cascades et cascatelles sont des plus curieuses et des plus poétiques ; l'eau se précipitant dans cet antre profond, on ressort à travers des roches pour former une petite rivière, après mille serpentements. Le paysage est animé par des oliviers, des mûriers, des figuiers et des vignes; on voit des voyageuses sur de modestes roussins d'Arcadie descendre avec circonspection les montagnes; des troupeaux paissent sur les escarpements; les cascatelles paraissent comme des gerbes jaillissantes et les flots ressemblent à des filets d'argent.

La maison d'Horace est située vis-à-vis des cascades, sur le versant de la montagne des Sabines, si propice aux émotions et au grandiose. Apparaît ensuite la maison de Catule, puis celle de Marius; dans le voisinage est la belle maison des Jésuites et la villa d'Est.

Notre cicerone, convoitant de nouvelles clientelles, faisait ses efforts pour nous quitter au milieu de ces lieux magiques; il nous laissa près de la villa Adriana : nous éprouvâmes beaucoup de difficultés pour en découvrir la véritable entrée; nous promenons dans la ville Adrienne, si féconde en curiosités et en souvenirs; nous trouvons des artistes peignant les fresques d'une voûte. L'empereur Adrien y avait réuni tous les monuments dont la magnificence et la gloire avaient frappé ses regards. Quelles impressions n'avons-nous pas éprouvées à l'aspect de ces lieux! ce ne sont plus que des herbes, des ronces, des tronçons de colonnes, des débris de murailles remplaçant le temple de Jupiter.

Les longues herbes de la solitude croissent partout; des colonnes jonchent le sol, et sont couvertes de mousse. Nous trouvâmes, au sortir de la villa Adriana, une source dont l'eau était d'une pureté et d'une fraîcheur admirables; elle sortait des flancs d'une montagne bordée d'une haie épaisse de lauriers roses en fleurs; comme nous étions très-échauffés, nous n'osâmes nous y désaltérer; fatigués de ces excursions, aux ardeurs du Soleil, et pressés de soif, nous faisons une longue course sur la route de Rome, pour trouver un liquide désaltérant; enfin le voiturin nous reprend; cette fois nos compagnons de voyage sont encore Rossini et un officier de carabiniers.

Tout est disposé en Italie contre la chaleur, et rien contre le froid; l'hiver, on n'a souvent pour se réchauffer, dans une vaste pièce, que l'homicide braciasio.

Le lendemain nous promenons au Capitole. Du haut de la tour, on découvre Rome, Frascati ou Tusculanum, remarquable par le séjour de Cicéron.

Le Capitole renferme un Musée plein de richesses; on y entrait par le Forum; il est surmonté d'un clocher d'où sort la statue de la Religion : de chaque côté de l'escalier sont des lions apportés d'Egypte, qui jettent de l'eau par la gueule : au haut sont Castor et Pollux, une colonne milliaire avec une boule dorée, et sur la façade du Capitole, on voit aussi des trophées de Marius.

Les antiques sont fort remarquables ; il y a encore les statues d'airain de Rémus et de Romulus, qu'une louve allaite ; on y voit fort bien le coup de foudre dont elle fut frappée : dans un des palais du Capitole, est la statue de Marforio, couchée dans la cour, près de la muraille ; c'est contre cette statue qu'on affiche la réponse aux satyres de Pasquin.

Nous avons visité une boutique où l'on vendait secrètement des poignards : il y en a pour les Dames, qui sont travaillés avec beaucoup d'élégance, et elles les portent comme instruments de toilette.

En allant au Capitole, du côté du Forum, sont les prisons Mamertines dans lesquelles périrent Jugurtha, les complices de Catilina, et où Saint Pierre et Saint Paul, détenus, ont été délivrés par l'Ange.

A peu de distance du Capitole, est le Campo-Vaccino, célèbre par l'ancien Forum, le Temple de Jupiter Tonnant, de Jupiter Capitolin, dont on connaît à peine les traces, et celui de Vesta. La villa Farnèse est le principal ornement du Campo-Vaccino.

Nous avons visité un cloaque Maximin fort curieux.

Du côté du Tibre, nous avons vu les débris d'un ancien pont.

Voici comment pêchent les Romains; ils ont deux carrelets au bout d'un grand bois tournant, mis en mouvement par un arbre et des palettes ayant le courant pour moteur : avec ce piège facile, où il y a un appât, ils prennent en badinant le poisson trop avide.

Près de l'église Saint-Grégoire, se trouve le temple de la Fortune virile, ensuite les immenses débris des Thermes de Dioclétien, autrefois destinés aux bains, à la musique et aux fêtes : près des Thermes, sont les tombeaux des Scipion, découverts depuis sept ans; nous sommes descendus dans les caveaux sépulchraux, au milieu de cierges et d'illuminations.

Nous avons ensuite visité Saint-Jean-de-Latran, célèbre par les douze Apôtres, possédant en outre les chefs de Saint Pierre et de Saint Paul.

Nous voici au pélérinage de la Santa Scala, qu'on monte à genoux; la porte qui est au haut n'est jamais ouverte; ceux qui l'ouvrent, suivant la pieuse chronique, n'en ressortent point ; la Santa Scala renferme le sang précieux de Jésus-Christ. On arrive à cette petite chapelle par cinq escaliers différents, celui du milieu a vingt-huit degrés de marbre blanc ; Jésus-Christ y monta quand il fut conduit chez Pilate.

De là, nous nous rendons au Baptistère de Constantin, qui est admirable ; on y remarque encore les pierres qui servaient à noyer les martyrs ; nous explorons les acqueducs ou grandes arches, les Thermes de Titus, le temple de Jupiter Vengeur ; il ne reste plus de la Roche Tarpéienne d'autre importance que son ancienne réputation, ayant été immortalisée par tant de condamnés.

Nous avons vu le Palais Doria, dont on offrit qu'une partie à l'Empereur d'Autriche qui s'offensa de ne pas l'occuper tout entier, mais quand il fut à Rome, il s'aperçut que le quart était déjà trop grand pour son cortège.

Nous avons admiré le temple de la Concorde, la fontaine des Parfums près le Colisée, la voie sacrée sur laquelle passaient les Rois et les Empereurs. Après avoir parcouru la voie sacrée, nous entrâmes dans une jolie chiesa ; nous fûmes étonnés de la fraîcheur et de la beauté des fresques qui en décorent le Dôme : on remarquait jadis dans une chapelle de cette église, un petit vieillard qui paraissait abîmé dans les profondeurs de la mysticité et des extases ; on aurait dit qu'il s'élevait de la terre ; c'était le chevalier Bernin, auteur de ce Dôme, qui paraissait se complaire dans la vue de ses œuvres sublimes. Nous visitâmes le temple de la Paix et le Panthéon consacré par Agrippine à tous les Dieux, depuis à tous les Saints ; le corps de Raphaël y repose, ainsi que celui du célèbre Carrache, fils d'un simple tailleur. Le Panthéon est un des plus anciens édifices antiques ; quoique dépouillé de ses premiers ornements, il fait l'admiration des étrangers : c'est un bâtiment qui a autant de largeur que de profondeur ; il est sans fenêtres et sans pilliers, il ne reçoit la lumière que par une ouverture au milieu de la voûte.

La fontaine Pauline ne doit point être oubliée ; l'eau tombe par cinq ouvertures dans autant de bassins, et se répand par des conduits souterrains dans plusieurs quartiers de la ville.

Les Juifs, à Rome, sont au nombre de sept mille ; ils habitent un quartier isolé où tous les soirs on les enferme et on les garde à vue pour les préserver de l'intolérance du peuple.

Sainte-Marie-Majeure possède, dans un tabernacle, la crèche de Jésus naissant, et, dans une niche, l'image de la Vierge peinte par Saint Luc.

A notre arrivée sur la place de la Poste, notre cocher eut une rixe avec un ami de profession ; il y eut un échange de coups de fouets dont nous manquâmes de devenir victimes dans notre calèche découverte. En même temps, notre maître d'hôtel nous atteint, et nous annonce qu'un cavalier du Pape est venu nous apporter une dépêche pour une audience pontificale le même jour, que M. Vaur, pénitencier français, extrêmement obligeant, avait sollicitée pour nous. Nous n'avions que trois quarts d'heure pour nous préparer et nous rendre au Vatican : notre toilette fut rapide ; nous montons en voiture ; le Souverain Pontife nous accueille avec des manières pleines de bienveillance ; il paraît témoigner beaucoup d'affection aux Français et nous donne de précieux souvenirs.

Le Pape Grégoire XVI a une physionomie pleine de bonté ; c'est un théologien habile, doué d'une grande modestie : de simple camaldule de la banlieue de Vénise, il est parvenu au pontificat et à la tiare par ses talents.

Nous eûmes une conversation agréable avec son bibliothécaire Monseigneur Mezzofanti qui parle quarante-deux langues ; comme on lui dit que nous venions de la Bretagne, il se mit à nous entretenir dans l'idiôme bas-breton, dialecte qui nous était inintelligible; il fut obligé de nous exprimer sa pensée en français et en italien.

Le majordome du Roi de Rome, Monseigneur Fieschi, eut la complaisance de déranger ses projets, et de nous promener partout dans les salles, même dans les cuisines, qui nous ont paru ordinaires. Dans toutes les Seigneureries ultramontaines, on suit littéralement l'étiquette, beaucoup d'urbanité et force compliments sont l'assaisonnement de la conversation.

Les premières glaces que nous avons mangées à Rome, nous ont causé d'horribles tranchées, soit qu'elles fussent préparées dans des vases de cuivre, soit qu'elles fussent aromatisées d'eau de laurier.

Nous avons pris des glaces dans d'autres endroits qui ne nous ont pas ainsi travaillé les intestins. On ne voit partout que soutanes et habits ecclésiastiques : il est vrai que les avocats et les huissiers revêtent la toge sacerdotale; mais comme les prêtres dominent à Rome, qu'ils occupent les emplois et font la police, on ne doit pas être surpris de les trouver en nombre même dans les cafés; nous avons vu souvent des ecclésiastiques petits maîtres, fiers comme des abbés de cour, frapper de la canne dans le café, demander au garçon promptement la gazette, et perdre patience si on les faisait attendre un peu. Le jeu de billard y est très en vogue, et les lotteries sont dans tous les coins de rues.

Nous assistons à la belle cérémonie des Palmes, à laquelle figurait l'ex-roi de Portugal Don Miguel, armé d'une riche lorgnette qu'il employait souvent à admirer la beauté des princesses romaines ; il aurait dû être pourtant un peu plus modéré, depuis son aventure au bal du prince Borghèse. En dansant, il s'était épris de belle flamme pour la princesse, peut-être dans un mouvement de galop, mais l'incendie était si considérable, que le prince, pour empêcher son désastre, fut obligé d'appeler Don Miguel à un combat singulier ; le Souverain Pontife, prévenu de l'affaire, la fit promptement cesser, car Don Miguel vit des bienfaits du Souverain de Rome.

Le grand duc Michel, au nombre des curieux, puisqu'il est encore schismatique, assistait aux cérémonies de la Semaine-Sainte, dans la chapelle Sixtine, dont la voûte est ornée des belles fresques du Jugement dernier, par Michel-Ange ; tout le monde sait apprécier cette œuvre magnifique du peintre, mais, dans nos pays, nos yeux, adoucis par les voiles et les gazes, ne pourraient supporter ces chefs-d'œuvres de la belle nature.

Les dames n'entrent point sans avoir de billets, tous les hommes costumés proprement en noir sont admis; le peuple seul ne peut aborder.

Dans les charrettes, les conducteurs ont une grotte qui leur sert d'abri.

Le commerce de Rome consiste dans la vente de tableaux, de statues, de reliques et de chapelets.

Notre église est Saint-Louis. M. de Chateaubriand a fait une épitaphe sur le tombeau de Pauline de Montmorin, jeune personne qui vint mourir en terre étrangère, après y avoir perdu toute sa famille. Dans cette église, on fait une prédication française le dimanche.

Le marché est la place Navone ; on l'appelle ainsi, parce qu'autrefois on pouvait facilement l'inonder et y faire voguer des pirogues et des nacelles pour s'exercer aux joûtes marines : la colonne, au milieu de la Piazza, représente le Nil et ses débordements fertilisateurs. Les palais Mursini, Pamphili, Saint-André, sont auprès, et le palais Spazza. Le palais Farnèse est enrichi du sarcophage de Metella Caracalla. Ce palais a été achevé par

Michel-Ange; il est orné de belles statues : celle de Socrate, l'Apollon du Belvéder, la statue de Pompée, un Hercule appuyé sur sa massue, trouvé dans les bains de Caracalla, Antonius, la statue d'Alexandre Farnèse, duc de Parme. Dans la grande salle, on voit le fameux Taureau ; une femme est attachée par les cheveux à une des cornes de cet animal furieux ; deux hommes font leurs efforts pour les pousser dans la mer du haut d'un rocher ; une autre femme avec un petit garçon, accompagnés d'un chien, regardent ce spectacle : ces sept figures sont d'un bloc de marbre.

La colonne de Trajan reçut ses dépouilles comme les Pyramides celles des rois d'Egypte, et sa statue en bronze doré brillait au faîte du mausolée comme celle de Napoléon ombrage aujourd'hui la place Vandôme. Les décombres du Forum Trajan ont exaucé le sol actuel de dix pieds. Sur les ruines, on a élevé deux églises dont l'une est dédiée à la madone de Lorette.

Le palais des Chevaliers de Malte mérite aussi d'être visité ; la belle église Saint-Charles appartient aux Jésuites.

L'église Sainte-Marie-in-Cosmedin est remarquable par une grosse pierre de marbre percée en cinq endroits ; ces cinq trous sont disposés de manière qu'on pourrait mettre la bouche dans un, le nez dans un autre, le menton dans celui d'en bas; les deux autres répondent aux deux yeux; on croit que ce marbre était l'*ara maxima* dédiée à Hercule, sur laquelle on jurait solennellement : on dit aussi qu'on mettait la main dans cette bouche en pierre pour dire la vérité, et que la main se séparait, si on faisait un mensonge.

Saint Paul, incendié il y a quelques années, maintenant en reconstruction, excitait notre curiosité.

Nous voulons nous distraire d'avoir été plusieurs jours de suite aux longues cérémonies de la Semaine-Sainte, dans la chapelle Sixtine, et nous cheminons pédestrement sur Saint-Paul, que nous croyions peu distant, il y avait encore une heure de jour; je demandai à un faquin si nous étions bien sur la route : ce faquin s'offrit de nous accompagner; malgré nos refus, il persista à nous suivre. Le chemin fut beaucoup plus long que nous ne le pensions. Théodose a jeté les premiers fondements de Saint-Paul; il y avait cent quatorze colonnes de marbre blanc prises aux bains d'Antonin; la voûte était peinte à la mosaïque. Sur la voie Apienne près de Saint-Paul, on voit encore les débris du cirque d'Antonin, ainsi que les réservoirs où était destinée l'eau pour les combats sur mer. A quelque distance, se fait remarquer le tombeau de Cécilia Metella; c'est un bâtiment de forme ronde dont les murailles ont vingt pieds d'épaisseur.

Nous quittâmes Saint-Paul à la nuit. Chemin faisant, nous stationnâmes au petit oratoire où Saint-Pierre et Saint-Paul s'adressèrent leurs derniers adieux, en allant au supplice. Le faquin nous escortait toujours, et de si près, que je fus obligé de le menacer de la canne bretonne pour le faire aller en avant ou en arrière; il se décida à prendre les devants : la nuit commençait à nous couvrir de ses voiles ténébreux, le faquin fit rencontre de gens de son honorable profession; ils chuchotèrent et formèrent un conciliabule ; je crus qu'ils allaient improviser une attaque à nos bourses ; nous fîmes bonne contenance, et arrivâmes les premiers à Rome, non sans accélérer le pas, toujours suivis de ce parasite qui vint nous demander la bonne-main dans la Strada del Corso.

Chose inouïe, dans la nuit du Jeudi-Saint, il est tombé quatre pouces de neige à Rome, ce qui, au dégel, a occasionné un débordement du Tibre.

Nous sommes allés à Saint-Pierre, au lavement des pieds; nous avons attendu cinq heures et demie la cérémonie, dans une attitude fatigante propre à modérer la ferveur; les hommes n'ayant aucun siège. Quel murmure, quel bruit, quelle confusion! ce sont des flots d'étrangers qui sortent sans-cesse. On cause dans Saint-Pierre, on y rit, on s'y conduit comme sur une place publique.

Mme Mercier, avec qui je ne pouvais communiquer que de loin, par des signes, car on sépare dans cette chiesa les maris et les femmes, quitte le lavement des pieds pour aller au repas des Apôtres, dans la chapelle Pauline, et elle me perd dans la foule. J'allais cherchant, comme Orphée, mais sans avoir les doux accents de sa voix, mon Euridice jusqu'au palais des enfers. Je ne la retrouve, avec grande inquiétude, qu'au bout de deux heures de pénibles recherches : une mère, repoussée par ce flux et reflux de la population, perd sa fille, qui se trouve seule sans l'abri maternel, et que sa mère ne put rejoindre : les hommes et les femmes sont toujours séparés aux cérémonies de Saint-Pierre. Le peuple est exclu de la chapelle Sixtine, et ne voit les choses que de loin. On n'entend jamais de musique dans ces saints lieux; seulement quelques chants renommés entr'autres le fameux *Miserere* : dans ce tourbillon de spectateurs, les dames ont souvent des voiles et des fichus déchirés; plusieurs les ôtent par prudence.

Un vingt francs vaut trois piastres; sept paoli, une baïorque ou un sou.

Voici la manière de compter les heures dans les Etats Romains : à sept heures et demie du soir, moment de l'Angélus, commence la première heure; à huit heures et demie, la seconde, pour ainsi continuer vingt-quatre heures. A midi de France, il est dix-sept heures et demie. Le cadran des montres offre de la confusion pour l'étranger; mais les Italiens trouvent leur manière de compter la meilleure, car, en regardant à leurs montres, ils savent combien il reste d'heures du jour.

Nous avons acheté des gants de Naples, ils sont d'une si mauvaise qualité, qu'à peine mis, il n'en restait même pas la forme.

Il y a dans Rome un tel mouvement de voitures qui la parcourent nuit et jour, qu'on craint constamment d'être blessé. Là un piéton est écrasé comme une mouche, sans forme de procès. Jamais les dames romaines ne font usage de leurs jambes; le bon ton s'y oppose; elles préfèrent chez elles savourer une modeste cuisine, manger des pommes de terre, sacrifier leur estomac au luxe et aux voitures. Le titre de grand seigneur est tout à Rome, et le peuple est bien petit. Les cardinaux ont des voitures magnifiques d'un très-grand prix, puis trois laquais derrière et devant, des chevaux harnachés de plumes et de panaches ; ces princes mènent un train de cour ; ils vivent en seigneurs, leur royaume est de ce monde, je leur en souhaite la durée dans l'autre; mais des volcans et des révolutions pourront bien un jour leur faire quitter les parures éclatantes, ramener la simplicité des premiers temps, l'âge d'or de l'église. La croix de bois et le bâton de l'Apôtre réuniront encore la grande famille chrétienne. Alors leurs chevaux n'auront plus les chars brillants et leurs magnifiques caparaçons; ils frapperont la terre de leurs pieds impétueux et se précipiteront aux combats sous l'égide de Mars. Au reste, il ne faut point être étonné de voir les dames recevoir le bras des robes noires ; l'usage tolère journellement cette civilité locale, formule de politesse, que les mœurs régulières du clergé de France ne pourraient tolérer.

Il y a abondance de demoiselles à marier, dans la proportion de trois aspirantes et d'un candidat; les signorelle alors doivent tendre des pièges pour faire la conquête de ces nouveaux Sabins.

Les Romaines sont attachantes ; leur beauté

est calme et majestueuse ; elles sont dévouées à celui qu'elles aiment.

Nous avons admiré la villa Pamphili ; les belles statues sur le palais et dans les jardins : on y voit de beaux arbres, des chênes d'Italie taillés en charmille, des lauriers fleuris, des anémones sauvages jonchant les allées, grand nombre de jets d'eau, dont un fait même jouer une flûte : on y voit de jolis parterres, des serres en espaliers et en paille ; des dessins formés sur le gazon ; il ne faut pas s'approcher d'un cabinet qui vous inonde subitement de ses jets humides.

Nous avons de nouveau entendu le beau Miserere de la chapelle Sixtine, où l'art sublime des accompagnements est si bien ménagé.

Les charcuteries, le soir du Vendredi-Saint, ont la plus brillante illumination ; des paysages animés, des bateaux, des jets d'eau, voilà leur décoration pour célébrer leur jour de fête, et devenir charnels au bout de la quarantaine.

A table d'hôte, des Français amènent des demoiselles du Palais Royal qui figuraient aux cérémonies dans la chapelle Sixtine, comme autrefois la femme adultère : personne ne jetait la pierre à ces Magdeleine non encore pénitentes.

Si on ne parle pas l'italien, c'est un avantage de savoir le latin; on trouve beaucoup d'ecclésiastiques qui connaissent la langue de Virgile et de Cicéron.

Le palais Borghèse a de très-belles et de très-nombreuses galeries de peintures, des tables en mosaïque admirables, et de charmants jets d'eau.

Quand un seigneur fait une invitation, ses laquais viennent, le lendemain, chercher la bonne-main, et reparaissent chez le convive jusqu'à ce qu'ils obtiennent une munificence; autrement, quand vous retournez au palais, ils vous font de gros yeux qui vous tueraient, s'ils le pouvaient; il paraît que ce sont les seuls gages de ces brillantes livrées et de ces valetailles respirant le faste et l'ostentation, copies vivantes de la grandeur de leurs maîtres.

L'impôt est peu considérable, puisque les trésors de la Chrétienté vont à Rome, pour créer de beaux monuments et faire vivre ces populations abâtardies.

C'est par mode d'élection que s'opère au conclave la nomination d'un Souverain Pontife; la tiare et la pourpre ne se transmettent pas par hérédité. Les grands talents peuvent seuls faire facilement fortune à Rome.

Le jour de Pâques fut très-pluvieux; les cérémonies eurent de la pompe. Le Pape, porté dans Saint-Pierre, célébra la messe; c'était un coup-d'œil majestueux malgré l'absence de dévotion. Près de deux mille voitures étaient aux portes de la Basilique. Le Pape n'a pas pu donner au dehors son imposante bénédiction, à cause du mauvais temps, qui fut aussi un obstacle à l'illumination spontanée de Saint-Pierre.

Mais la ferveur règne peu parmi les assistants; le clergé, les cardinaux n'en ont pas davantage; ils causent, rient même au confessionnal; le pénitent, après s'être accusé, reçoit un coup de longue baguette qui lui procure une indulgence.

Nous sommes allés à Monte-Cavallo, ou le Quirinal; ce palais est moins grand que le Vatican; il est la demeure du Pape, pendant l'été. Le jardin est vaste, les allées sont bordées d'orangers, de citroniers, de grenadiers; les jets d'eau y sont abondants; il y en a qui font jouer un orgue. Sur la place de ce palais se trouve la fontaine de Trévise, avec deux chevaux de marbre de Praxitèle et de Phydias, provenant du Forum de Constantin; le cardinal Mazarin avait un beau palais sur cette place.

La grande salle des Thermes de Dioclétien

forme la belle église de Sainte-Philomèle ; le point de vue sur la place des quatre fontaines est magnifique.

Nous avons admiré la promenade Pincio près de l'Académie Française : la villa Borghèse, avec ses beaux jets d'eau, est aussi une délicieuse promenade près le Pincio, où il ne manque rien pour rendre la vie agréable ; vous y rencontrez un étang, un pont, des grottes, des fontaines, des volières, des cabinets de verdure et un monde de statues antiques et modernes. Dans les soirées d'été, il y a de belles fêtes et de douce musique.

Dans l'église de Saint-Pierre-aux-Liens, se trouve le Moyse, chef-d'œuvre de Michel-Ange : dans l'admiration de son ouvrage, il lui donna par distraction un coup de ciseaux sur le genou, en lui disant : parle actuellement, il ne te manque que la parole. Moyse est assis, tenant les tables de la Loi sous un bras, l'autre bras repose majestueusement sur sa poitrine. Quel regard ! ce front auguste, ses flots de barbe ; la bouche est remplie d'expression, la pensée y attend la parole.

La chiesa Martino possède un magnifique tableau représentant un concile qui fait brûler les livres d'Arius. Dans l'église de Sainte-

Priscilli, on voit la sainte occupée à recueillir dans un vase le sang des martyrs ; Saint Charles Borromée, sur son siége, catéchise dans une chapelle de cette église : deux mille cinq cents martyrs sont enterrés dans les caveaux.

On ne connaît point les sabots ; mais on fait usage de mules. Les maisons sont couvertes en tuile, les rues sont pavées de larges pierres.

Le peuple de Rome ne peut pas se livrer dans le Tibre aux sanitaires immersions. Les Romains ne sont point amphibies et deviennent exposés à de nombreuses maladies de la peau. La proscription des bains est une loi de décence : si des statues, dans la belle nature, sont exposées partout, c'est qu'elles ne sont vues que sous le rapport de l'art et de la poésie.

La place Pasquin forme un carrefour où aboutissent quatre rues. Le fameux Pasquin est une grande statue mutilée, privée de bras, de jambes et toute défigurée ; elle reçoit les épigrammes et est appuyée contre une maison.

Une des églises, près la porte du Peuple, a une belle chapelle en marbre, avec le tombeau d'un jeune seigneur mort de galanteries à trente ans ; on y lit cette inscription : *Peste inguen interit.*

Le feu d'artifice du château Saint-Ange, qui a eu lieu le lundi de Pâques, est magique et d'une grande variété de couleurs ; placé dans la plus belle position, des fusées par milliers se précipitent à la fois dans les airs, et retombent en étincelles brillantes et tonnantes. Les chandelles romaines s'élançaient éblouissantes, on eût dit des serpents de feu assiégeant les murs du mausolée d'Adrien ; arrivées au Ciel, elles redescendaient en pluie d'étoiles ; des fusées sifflant comme des flèches et les tournoyants soleils projetaient sur la place des reflets fantastiques. L'artifice imitait parfaitement les cascatelles de Tivoli et la vapeur brillante des eaux ; on aurait cru encore apercevoir sur des nuages Jupiter lançant ses foudres. Les murailles se teignaient de lueurs rougeâtres, et l'ombre des assistants s'y dessinait sous toutes les formes. Des bouts de chandelle enfermés dans des cornets de papier de couleur rangés comme des pots de fleurs sur les galeries, nuançaient les ténèbres de toutes les teintes de l'arc-en-ciel. L'Ange du château dominait de sa masse noire et immobile ce tableau pyrotechnique. Les spectateurs étaient innombrables. Les voitures des seigneurs exposent la foule, le peuple se fait justice en cassant les vitres.

Les belles filles d'Albano, de Tivoli et de Frascati circulaient la veille sur les places et dans les rues, étalant au Soleil leur corsage d'or, leurs têtes chargées de grosses perles et de broches d'argent.

Nous avons visité Saint-Etienne, ou le temple d'Auguste; puis remarqué la trace des genoux de S.t-Pierre, quand Simon le Magicien fut chassé du temple. A Saint-Jean-de-Latran, les colonnes de marbre sont en si grande quantité, qu'on en a recouvert plusieurs d'un manteau de plâtre pour faire des pilastres; elles étaient presque toutes du Capitole; quelques-unes portent encore la figure des oies qui ont sauvé le peuple romain; l'urne d'Agrippine renferme les cendres d'un pape.

Les faquins sont d'une paresse sans exemple; nous les avons vus mettre une couple d'heures à faire ce que nos ouvriers exécuteraient dans cinq minutes; et voilà ces anciens Romains qui foulent cependant avec orgueil le même sol sur lequel ont marché leurs ancêtres; ces athlètes, vigoureux maîtres du monde, qui, dans la ruine de leur gouvernement politique et de leurs idoles, ont perdu l'enthousiasme de la victoire, leur virilité, leur énergie guerrière. Nous les avons vus, toujours le manteau sur l'épaule, avec ces lambeaux d'habillements que ce peuple artiste drappe encore, jouer nonchalamment au petit palet. La politique des peuples est peut-être d'avoir de pareils voisins; ce sont des lions qui dorment, et qu'il ne faut pas réveiller.

Ce manteau, qui ne se dépose jamais, semble former à lui seul tout le vêtement; il cache des mystères qu'il serait imprudent de vouloir pénétrer; car le désordre et la saleté sont leurs statuts fondamentaux.

Les mendiants sont hideux et insupportables; on dirait qu'ils constituent un des pouvoirs de l'état : on ne peut se distraire de l'importunité de ces malheureux.

Près du Colisée, sont les temples de Romulus et de Rémus, et la statue colossale de Néron.

Les thermes de Titus sont posés sur l'ancien palais de Néron : au même endroit se trouve la chapelle de Sainte-Félicité et de ses enfants, modeste autel des premiers chrétiens au VI.ᵉ Siècle. Les fresques sur les voûtes de Néron sont bien conservées; elles ont excité le génie de Raphaël. Les débris du théâtre Marcellus forment présentement des boutiques. Sur le trastevère est l'église Saint-Onolpho, où fut enterré Le Tasse : on y voit la pierre attachée au cou de Saint Calixte pour le noyer. Dans l'église de Sainte-Dorothée, une goutte du sang de cette Sainte est conservée, puis il y a une source intarissable d'huile sainte : auprès est une ancienne caserne française, et la salle de police des sous-officiers est dans un couvent de bénédictins. A peu de distance est le temple d'Esculape, proche l'île Tibérine, qui fut formée des gerbes de grains et des meubles que le peuple prit aux Tarquins, et qui furent jetés dans le Tibre. L'église de Saint-Barthélemi n'est pas loin : tous les ans, le jour de la fête du Saint Patron, on y affiche les noms de ceux qui n'ont pas fait leurs Pâques.

Le carnaval, à Rome, consiste dans d'éclatantes courses de chars et de chevaux, dans la rue du Corso, sous de nombreux travestissements. Pour accoutumer les chevaux à ce trajet, on leur donne l'avoine à l'extrémité où la course doit finir. Les masques jettent par poignées des dragées en plâtre, appelées Puzzolana ; les rues en sont blanches et les voitures en sont accablées. Les trastaverines, les jambes nues, portent avec grâce des emphores sur la tête.

Dans la chiesa Minerva est un beau Christ de Michel-Ange : dans l'église du Capitole Aracheli repose le corps de Sainte Hélène ; c'était jadis le temple de Jupiter Capitolin.

Saint Bambino y a un autel et de nombreux ex-voto sont offerts par les malades, en mémoire de miracles. On va, en voiture et accompagné de deux prêtres, porter chez les malades Saint Bambino petit Enfant-Jésus difforme des premiers siècles. Dans le temple des Bramantes, se trouve l'emplacement où fut la croix de Saint Paul, martyrisé la tête en bas; les quatre évêques en plâtre sont de Michel-Ange.

Les théâtres de Rome sont ordinaires, et n'appartiennent pas au gouvernement.

La plus grande ignorance, dans toutes les classes de la société, se fait partout remarquer. Les Trastaverins, fiers de leur origine, croient seuls descendre des anciens Romains, et portent leurs noms.

Un de nos aimables Français, se proposant d'aller admirer le beau ciel napolitain, dans un moment où on regardait nos avocats, nos médecins, nos prolétaires comme trop civilisés et répandant avec eux la bonne odeur du progrès, fut obligé de prendre un nom supposé; pour éviter le renouvellement de ce moyen, le gouvernement des Deux-Siciles ne vous admet point sans la recommandation d'un banquier de Rome : la chancellerie française nous intima ces ordres, et, grâces à M. le duc de Torlonia, notre passeport fut expédié.

Le lendemain, nous nous levâmes de bonne heure, et, suivant l'usage, nous attendîmes long-temps le voiturin : un voyageur vint nous rejoindre aux portes de Rome; il n'avait pas fait de prix avec le cocher, qui lui demanda trois fois plus qu'il ne devait avoir; une vive dispute s'éleva; le chef du poste donna enfin gain de cause au voyageur.

CHAPITRE IX.

De Rome et Terracine à Naples.

Nous voilà donc en route pour Naples, passant par Albano, où est le tombeau des Horace et des Curiace; nous y vîmes encore un temple consacré à Esculape, avec le mausolée d'Ascagne et de Pompée. La situation d'Albano est charmante ; la route, à travers les marais Pontins, est magnifique, bordée de riantes avenues de belles rangées d'arbres; une grande quantité de bestiaux, de chevaux et de bêtes à cornes, se trouve sur les marais. Loin d'être rassuré par la vue d'un paysan, on craint d'être dévalisé; en un instant, cinquante contadins deviennent cinquante bandits, et le passant ne sait jamais si c'est un ennemi ou un défenseur qu'il va trouver dans l'homme qu'il rencontre, surtout à l'époque de la Semaine-Sainte, où de nombreux voyageurs parcourent ces contrées avec un riche butin. Les Anglais, qui ont jeté aux brigands des marais Pontins plus d'or qu'il n'en faut pour les dessécher, ont soin, dans leur budget de voyage, de voter d'avance le budget des arrestations. Les marais Pontins sont une campagne fertile et pestilentielle tout à la fois. Envahis par le mal-aria ou mauvais air, on ne voit pas une habitation, quoique la nature y semble féconde ; quelques hommes malades attèlent vos chevaux ; le sommeil est un avant-coureur de la mort dans ces lieux. Des buffles d'une physionomie basse et féroce traînent la charrue, que d'imprudents cultivateurs conduisent sur cette terre fatale : on a tenté inutilement de dessécher ces marais, que les montagnes environnantes inondent sans cesse.

Nous arrivons à Terracine, où nous avons fait un excellent déjeûner de bonnes sardines. Le point de vue est magnifique et les roches imposantes. Terracine est sur le bord de la mer, aux confins du royaume de Naples : derrière, est le mont Anxur, couvert d'antiquités ; toute la montagne qui domine Terracine, est chargée d'orangers et de citronniers en pleine terre ; les aloës, les cactus à larges feuilles y abondent.

De Terracine à Naples, la route est embaumée de citronniers, de mirtes, de lauriers, d'oliviers, de vignes ; elle est bordée d'énormes haies d'aloës plantés autour de jolis vergers :

quelquefois les pâles oliviers, assez semblables, pour la forme et la couleur, aux saules de nos climats, sont dominés par un palmier à la tête élégante et noble. Ce roi des arbres du midi donne aux paysages un aspect oriental : c'est là plante des contrées où le ciel brille : ses branches régulières se jouent en tous sens au milieu des airs, et les rayons du jour passent par ces éventails naturels comme à travers les feuilles d'une jalousie. Le palmier, par la régularité de sa forme, par son feuillage en parasol, par la légèreté de ses rameaux, qui se détachent du ciel brûlant de Naples, comme des coups de pinceau sur un fond d'or et d'azur, paraît l'emblême du soleil lui-même. Du reste, la culture est la même que dans nos pays. Dans les bourgs, la misère est très-grande, les figures sont décharnées et livides : la chaussure des indigènes est du cuir attaché avec des ficelles; les femmes sont parées de leurs cheveux avec une broche et des rubans de couleur pour les retenir; quelques hommes portent un caleçon et une petite blouse qui descend jusqu'à moitié de la cuisse; leurs chapeaux sont à la Robinson.

A Gaëte, les auberges sont assez bonnes. Le choléra, qui y régnait alors, faisait peu de sensation. Il n'attaquait que les vieillards, les personnes d'une santé délabrée, les malheureux auxquels des excès de diète et une nourriture de mauvaise qualité ont altéré les organes digestifs ; mais les disciples de la tempérance et de la modération ont peu à redouter ce fléau originaire de l'Asie.

En arrivant à Gaëte, nous remarquons le costume leste et élégant d'une gaëtane : de longues et larges tresses roulées en torsades sur sa tête ; un jupon bleu tombant sous un corset rouge ; sa taille fine, sa démarche gracieuse et ses yeux noirs exprimaient le sentiment.

C'est près du promontoire de Gaëte que Cicéron a perdu la vie.

A la délicieuse Capoue, nous avons changé de voiture, pour visiter l'ancienne ville et un amphithéâtre fort curieux, différent des autres, en ce que le cirque était sur la loge des bêtes.

Faisant halte à la nouvelle Capoue, pour réparer nos forces, et trouvant les mets détestables, nous demandâmes des œufs à la coque ; mais comme ils n'avaient pas de thermomètre, et que le degré de chaleur outrepassait, on nous apporta des œufs durs ; nous les congédiâmes pour en avoir d'autres moins cuits et dans leur lait ; pas du tout, on passa d'un extrême à l'autre ; on aurait dit qu'on nous servait des œufs tels que la poule venait de les pondre ; tempêtant contre le cuisinier, qui ne pouvait pas gouverner sa cuisine dans le juste milieu, nous nous bornâmes à faire accommoder la même chose, sous diverses formes, comme Esope dans sa métamorphose des langues; on nous apporta une omelette, notre appétit devenant exigeant, nous fîmes la visite d'un placard ; quelle ne fut pas notre surprise, de voir une machine pneumatique aspirante, foulante et anodine. Diafoirus n'aurait pas demandé un canon mieux disposé ; il y avait de quoi nous faire perdre tout-à-fait l'envie de manger ; nous ne comprenions pas cette alliance de malpropreté ; mais bientôt nous sûmes le but de la mécanique : c'était une presse en étain, semblable à l'instrument dont Molière s'est servi si habilement pour effrayer M. de Pourceaugnac, laquelle imprimait au beurre la forme du macaroni, que les Italiens se plaisent à contempler partout.

La route continue d'être charmante jusqu'à Naples ; les terres sont bien soignées ; des corps-de-garde, mieux que sur les voies romaines, y sont établis pour la sûreté. Dans les campagnes, on cultive le riz ; la vigne se marie à l'ormeau ; on voit souvent à une charrette un bœuf et un âne attelés de front.

On éprouve dans ces lieux un bien-être si parfait, une si douce aménité de la nature que rien n'altère les sentiments agréables qu'elle vous cause ; elle vous inspire une indolence rêveuse dont on ne se rend pas compte.

La douane de Naples est tracassière, et offre beaucoup de désagréments ; les employés sondent jusqu'aux selles des chevaux : ils fouillent les voyageurs. Le chapeau de Mme Mercier, qu'elle avait acheté à Florence, et qu'elle n'avait pas malheureusement sur la tête, est saisi ; cependant il avait tout ce qu'il fallait pour constituer l'usage ; coiffe et rubans, rien n'y manquait. Si j'avais été au fait du clignotement des douaniers, si je leur avais glissé une piastre dans la main, tout cela ne serait pas arrivé ; nous avons traité amiablement le lendemain, et, pour deux piastres, nous sommes rentrés en possession.

Mais nous avons eu un orage bien plus sérieux, un de nos compagnons de voyage, amateur de tabac, n'allait jamais sans sa provision pour deux jours ; il ne déclare point une demie livre de tabac pour son service quotidien ; un vieux renard d'employé s'en aperçoit, fond sur sa proie ; aussitôt la dogana juge cette peccadille un cas pendable ; des soldats entourent notre voiture, il faut nous envoyer sous escorte à l'inquisition de la grande douane, subir le sort : le coupable est menacé de quinze jours de prison, de deux mille francs d'amende; la voiture et les chevaux du vetturino vont être confisqués ; nous cheminons lentement au milieu d'une haie de soldats, escortés de la populace. Nous obtenons par grâce de faire monter deux gendarmes dans la voiture pour rendre l'impétuosité à nos coursiers et nous délivrer des curieux. Heureusement que le capitaine Martin, maître de l'hôtel du Commerce, qui savait que nous devions prendre gîte chez lui, fut en même temps prévenu de notre position difficile, pour nous surtout, détenus dans la voiture depuis quatre heures, et qui payions les pots cassés, malgré notre aversion pour le tabac. Comme il était très-lié avec un chef de la grande douane, il éteignit sans difficulté ce feu qui ne valait pas la chandelle. Nous fûmes remis en liberté; mais ce chef de douane a été lui-même inquiété pour avoir accommodé cette affaire.

Voulant ne pas perdre un moment, d'autant plus que notre santé n'en souffrait pas, dès le lendemain nous allâmes admirer l'église royale, où les dames sont obligées, pour entrer, d'ôter leurs coiffes et leurs chapeaux; nous vîmes le palais du Roi, d'une grande régularité, et auprès duquel est le palais du prince de Salerne; dans la belle rue de Tolède, bordée d'édifices élégants, et qui a un mille de longueur, les troupes du Roi défilaient pour se rendre à la revue.

Au milieu de la population de Naples, si animée et si oisive tout à la fois, nous voyons les lazzarones couchés presque nus sur le pavé, ou retirés dans un pannier d'osier, leur tente et leur habitation de jour et de nuit; il en est parmi ces hommes qui ne savent pas même leur nom; ils craignent les ardeurs du soleil, dorment le jour pendant que leurs femmes filent; on voit des Calabrois se mettre en marche pour aller cultiver des terres, avec un joueur de violon à leur tête et dansant de temps en temps pour se reposer de marcher.

Il y a, tous les ans, près de Naples, une fête à la Madone, à laquelle les jeunes filles dansent la Tarentèle au son du tambourin et des castagnettes; elles ont soin de mettre pour condition, dans leur contrat de mariage, que leurs époux les conduiront tous les ans à cette solennité.

L'église de Saint-Janvier possède d'immenses richesses et la tête de Saint Janvier, évêque de Pouzzoles, avec deux petites fioles remplies du sang de ce Saint, qu'une dame recueillit le jour de son martyre. Tous les ans, le premier dimanche du mois de mai, on porte ces reliques à une procession qui se fait avec beaucoup de pompe, et à laquelle assiste la famille royale; après la procession, on dit la messe, ensuite s'opère le miracle; on présente les fioles devant la tête; le sang dont elles sont remplies, qui est toujours figé, se liquéfie, dit-on, et bouillonne d'une manière très-sensible; les Napolitains y ont une grande dévotion; lorsque le sang ne se liquéfie pas, ils disent que la ville est menacée d'un grand malheur.

Dans cette église, est le tombeau de l'infortuné André II, Roi de Naples, fiancé à l'âge de sept ans, et que la Reine son épouse fit assassiner à dix-huit ans.

Dans l'église Saint-Janvier, quantité de Saints, de grandeur naturelle, sont en argent, ainsi que des fleurs et des chandelliers; le Baptistère est sorti de Pompéia, c'est une coupe de porphyre.

Nous nous transportâmes ensuite au Champ-de-Mars, à la belle revue que le Roi donnait en l'honneur du grand duc Michel : seize mille soldats étaient sous les armes: les manœuvres s'exécutaient parfaitement ; on simulait l'assaut d'une forteresse. Les régiments étalaient au champ de Mars leurs brillants costumes ; les officiers chamarés d'or et de cordons faisaient piaffer à merveille leurs coursiers fringants, respirant l'ardeur des combats.

Nous nous rendîmes de là aux belles promenades de Chiaia et de la Villa Réale, si magnifiques et donnant sur le port ; leurs délicieuses situations les rendent très-fréquentées. Chiaia est la corruption de Piaggia. C'est là qu'on voit des enfants de prince, portés par quatre laquais sur de riches palanquins. On porte aussi leurs nourrices pour qu'elles n'échauffent pas leur lait, et l'enfant repose sur un oreiller de soie bleue garni de blonde. Le jardin du roi, nommé Villa Réale, est orné de trois rangées d'arbres, de statues, de gazons, de parterres, d'orangers et de pavillons chinois ; il y a une douzaine de fontaines et un bassin en granit oriental d'une seule pierre. Le roi, revenant de conduire le grand duc à l'ambassade de Russie, passait dans la rivera di Chiaia, et eut la galanterie de saluer nos dames. A Chiaia, de charmantes fanfares étaient exécutées, avec une grande précision, par les régiments royaux.

Le tombeau de Virgile est à l'entrée de la grotte du Pausilippe ; c'est une espèce de pyramide presque détruite, couverte d'arbrisseaux d'une riche végétation ; un laurier croît auprès ; nous avons cueilli et nous conservons comme un trésor précieux quelques feuilles de cet arbuste ; les cendres du grand poète sont transportées au Musée de Naples.

La grotte Pausilippe, creusée à travers la montagne, abrège la route de Pouzzole à Naples ; c'est un petit coteau délicieux, couvert de fleurs, de fruits, de bons vins et de quantité de maisons de plaisance ; elle a plus d'un mille de longueur, quarante pieds de haut et trente pieds de large ; elle est pavée de pierres de lave ; il y a, au milieu, une Madone pratiquée dans le roc, devant laquelle brûle une lampe : de cette grotte, on sent déjà l'odeur de la Solfatara ; elle fut faite en quinze jours par cent mille hommes ; rien n'est comparable à la température de l'air qui règne dans cet endroit ; on entend résonner des voitures sous les voûtes qu'éclairent des fanaux.

La route de la Solfatara est entourée de champs abondant en hauts peupliers, mûriers, unis l'un à l'autre par des vignes qui se suspendent à leurs fronts, sous lesquelles croissent et passent, pour ainsi dire, tour-à-tour, dans une année, trois ou quatre moissons.

Des monceaux énormes de pierres d'une couleur gris de perles, recouverts de cristallisations de soufre jetées sur la voie, nous annonçaient le voisinage de la Solfatara.

La Solfatara est un ancien volcan éteint où l'on tire et clarifie le soufre : le sol retentit comme une voûte qui menace à chaque instant de s'écrouler, pour faire place à un lac; puis nous vîmes l'immense réservoir Cinto Camarille, que les Romains avaient fait construire pour avoir de l'eau en toutes saisons; il y a auprès un amphithéâtre remarquable, avec un autel dédié à Saint Janvier, des mosaïques et des symboles de sa décapitation.

La ville de Cumes est située entre Monte-Vecchio et Monte-Novo, montagne formée dans une seule nuit, sortie du lac Lucrin, que des pêcheurs cherchèrent inutilement pour retrouver et leurs barques et leurs filets.

Dans le même jour, nous avons vu encore le temple de Jupiter Sérapis, où il y a trois espèces d'eaux thermales, purgatives, rhumatismales et diaphorétiques, puis le vase où tombait le sang des victimes.

Le beau Ciel de Naples, souvent sans nuages, d'un azur si ravissant et si pur, nous faisait désirer d'y prolonger notre séjour : heureux les habitants, s'ils savaient apprécier le bonheur d'un des plus beaux climats du monde.

Les Italiens sont obligeants par caractère, et quand on emploie avec eux les formules de la politesse, ils sont toujours disposés à vous rendre service.

Nous étions fort bien à l'hôtel du Commerce, chez le capitaine Martin, Strada di Florentini ; la table d'hôte est de trois francs par tête, elle est bien servie ; les domestiques parlent français ; ces officieux laquais vous dispensent du soin de couper les viandes ; ils les dissèquent proprement, commencent par servir les dames, puis font le tour de la table avec beaucoup d'attention, sans répandre des graisses sur les convives.

Les tables d'hôte sont fort amusantes ; elles ressemblent à une espèce de lanterne magique, où l'on voit passer des gens de tous les pays, de toutes les conditions, de toutes les opinions, où l'on entend parler toutes les langues et où le plaisir que l'on trouve est un changement complet d'habitude. On voyage, on se quitte sans se dire adieu ; si les mêmes hommes ne se rencontrent plus, il s'en rencontre d'autres ; ce qui suffit aux habitants d'un monde fugitif. Quand on se fait servir du café au noir, on trouve autant à manger qu'à boire.

Le lazzarone, à la peau brûlée et presque noire, est en général bien fait ; il a la figure martiale et à caractère tout à la fois ; il poursuit la carrière que le hasard a ouverte devant lui ; il dort où le soleil le surprend souvent à demi-nu ; il se soumet au travail par indolence comme à une nécessité ; il en dissipe le salaire sans calcul du lendemain ; la faim est sa réserve, la privation sa ressource ; il n'a souvent qu'une chemise ou une espèce de manteau brun à capuchon dont il laisse pendre les manches. Les lazzaroni sont vigoureux et constitués comme les anciens athlètes ; ils ne contractent aucun mariage civil, ni religieux ; ils n'ont point de ménage. Ils portent des culottes flottantes terminées au-dessus des genoux, qu'ils laissent à découvert. Le lazzarone va étancher sa soif dans des flots d'aqua gelata ou de limonade.

Notre chambre était d'une piastre par jour. Nous avions à notre service un domestique de place qui nous coûtait journellement une piastre ; c'était un ancien brigadier de gendarmerie, membre de la Légion-d'Honneur; fort bon homme et fort intelligent, nommé Michel; nous avions encore à notre usage une voiture à trois chevaux, du prix chaque jour de quatre piastres. Par ce moyen, nous pouvions voir beaucoup de choses en peu de temps; nous nous étions associés, seulement à Naples, avec M. et M.me Pérignon, peintre distingué de Paris; qui partageaient les frais de voiture, de domestique de place et de nombreuses bonnes-mains.

Après avoir vu les belles églises de Rome, celles de Naples paraissent fort ordinaires, ainsi que les statues, malgré qu'il y ait de grandes richesses.

On voit des barbiers, des marchands de légumes, de fruits, de poissons, de macaroni; des cuisines qui, sous la protection d'une Madone, s'installent rapidement et ont toujours une nombreuse clientelle; des toiles ambulantes abritent ces boutiques où sont déposés, sur une couche de plantes marines, des coquillages et des poissons vivants dont les écailles reflètent mille couleurs.

Voulant connaître tout ce qu'il y avait de curieux, surtout dans ce pays, qui est entièrement mytologique, nous partîmes pour l'Achéron, lac des enfers, ou lac Fusaro, sur lequel se trouve une maison de campagne du Roi, pour les parties de pêche ; nous y avons mangé des huîtres délicieuses et de l'excellent poisson spinola ; nous saluons les Champs Élysées, trouvant qu'il était trop tôt aller jouir des délices de l'Olympe ; nous fûmes ensuite nous spiritualiser aux temples d'Apollon, de Mercure et de Vénus.

Les bains de Néron, ou étuves de Tritala, sont une voûte très-vaste et très-soignée à l'extrémité de laquelle se trouvent des sources d'eau bouillante qui peuvent durcir des œufs à l'instant ; un Français (et que n'ose un Français !) voulut y pénétrer ; mais il en fut mal récompensé ; la chaleur l'avait suffoqué à tel point, qu'il ferma pour toujours les yeux à la lumière.

La voluptueuse Baia, où Marius, Sylla, César, Néron, etc., vinrent si souvent jouir des délices de la vie, n'est plus qu'une côte abandonnée, que rongent les flots qui la battent sans cesse. Quelques débris de villas et de temples romains ont encore survécu au naufrage du temps.

Le lac Lucrin et le lac Agnano sont voisins de la grotte de la Sibylle de Cumes : on ne voit presque plus de trace de l'ancienne ville de Cumes ; c'est un désert inculte semé de quelques pierres; l'Arco Felice est près de la mer; on voit encore les fragments d'un temple de la Sibylle; quelques habitations semblent être elles-mêmes des ruines, et leurs possesseurs sont souvent dévorés par la misère et la maladie. La voûte souterraine est très-longue; des faquins vous portent sur les épaules comme un précieux fardeau; d'autres vous éclairent avec des torches : les torches produisaient les images les plus fantastiques sur ces murailles noires et condamnées à l'ombre éternelle. Les faquins vont même dans l'eau, pour vous conduire dans l'endroit où la Sibylle se baignait, le lieu où elle allait s'asseoir, celui où Néron la regardait. L'air manque un peu dans ces réduits obscurs, encore empreints de fresques; enfin, nous revoyons la lumière; il est bon d'être plusieurs pour imposer aux portantini qui vous dévaliseraient facilement dans une semblable exploration.

Au milieu du cap Misène, il y a une source d'eau douce qui surgit du fond de la mer.

C'est ici la grotte du Chien, au pied de la montagne Spina, dans laquelle il y a un fort dégagement d'acide carbonique à odeur de champagne, et qui éteint la lumière; les animaux ne peuvent respirer dans cette grotte, le pistolet même ne part pas.

Notre cocher alimentait ses chevaux avec le caroube, les lupins, les fèves et le chiendent; les autres fourrages sont très-rares; on nourrit un cheval pour quatre carlins ou deux francs par jour tout compris. Le grain est si abondant, qu'il y a de quoi fournir l'Italie; on en exporte en quantité, ainsi que de l'huile et de la soie. Le beurre vaut trois francs la livre.

A Naples comme à Rome, des sermonaires prêchent parfois dans les carrefours et sur les places publiques, malgré le roulement des voitures, le cliquetis des armes des soldats, le luth harmonieux des bardes et des troubadours, les scènes burlesques de Polichinelle.

Il y avait hier grand spectacle : nous avons vu jouer le *Siège de Calais* et une pantomime équestre. Le théâtre de Saint-Charles est magnifique, bien décoré; le roi et le grand duc Michel y assistaient; en l'honneur de ces princes, il y avait grande illumination. Les diamants ruisselaient et étincelaient sur le front et les épaules de ces belles Napolitaines, et la loge royale était parée avec une magnificence inaccoutumée. Les danses ne sont pas si gracieuses qu'à l'Académie Royale de Paris; on croirait voir danser les Sauvages Américains; d'un autre côté, la musique est divine.

Que d'émotions nous eussions éprouvées

en terminant la soirée, si nous y eussions entendu M. et Mme Duprez réunir tous les suffrages avec la ravissante Mme Malibran, dans *la Somnambula* et les Cavatines de *Don Juan*. Le souvenir de ces artistes est encore présent à Naples ; chacun nous en entretenait : nous étions flattés de leurs victoires, et l'on conserve aussi toujours dans ces lieux la mémoire de la liaison intime de ces célébrités ; on nous faisait comme assister à ces charmants soupers qui les réunissaient chaque jour tous les trois à la même table.

La gloire de Duprez a quelquefois éprouvé des éclipses, des vicissitudes et l'ingratitude ordinaire du public ; il joua le rôle de *Polione*, dans *la Norma*, par déférence pour Mme Malibran, son amie ; il était, ce qui lui arrivait rarement, fort enrhumé, et cette indisposition ayant pris un caractère sérieux dès la seconde représentation, il s'efforça de chanter, sans en avoir préalablement fait prévenir le public. Duprez fut sifflé à outrance à sa sortie ; et le Ministre de la Police lui dit même que : « *Quand on était premier tenor, on ne devait jamais être enrhumé, parce que cela pouvait compromettre l'ordre public.* » Duprez supporta la tempête avec courage, mais Mme Duprez, qui remplissait dans la même pièce le rôle d'*Adal-*

gisa de la *Norma*, fut applaudie à trois reprises différentes. Ce petit échec maladif n'a pas empêché de rendre par suite à notre illustre chanteur, l'enthousiasme et le délire napolitain, dans la *Lucia di Lamermoor*, de Donizetti. Duprez, jouant le rôle de *Ravenswood*, a fait vibrer une voix magique qui a été saluée par des tonnerres d'applaudissements.

Après avoir récolté une ample moisson de gloire et mûri son talent à la chaleur vivifiante du soleil italien, notre virtuose, embrasé du feu sacré, retourna avec sa dame dans sa patrie, ranimer le génie musical, briser les entraves qui arrêtaient son essor, et cueillir de nouvelles palmes et de nouveaux triomphes.

La façade du théâtre Saint-Charles, un peu sévère, est composée d'un portique sous lequel circulent les voitures. Le vestibule est grandiose, les corridors sont spacieux; la salle est plus grande que celle de l'Opéra à Paris; il y a six étages de loge, trente-deux à chaque rang : ces loges peuvent contenir environ douze personnes. Toutes les places du parterre sont numérotées et séparées; c'est un usage général en Italie; on peut retenir son billet huit jours à l'avance, sans augmentation de prix; la salle est toute entière dorée de haut en bas; les loges sont drapées en bleu;

celle du roi est en face du théâtre, au-dessus de la porte d'entrée du parterre; elle est soutenue par deux palmiers dorés, décorée par deux rideaux que soulèvent des génies; les peintures du plafond de la salle représentent le Parnasse; au-dessus de la scène est une horloge composée d'un cadran sur lequel des amours indiquent les heures; entre chaque loge est un candelabre d'or et d'argent, à cinq branches; derrière chaque loge est un petit salon pour l'agrément des spectateurs.

Il y a encore le théâtre Comique des Florentins; les Napolitains aiment beaucoup les petits spectacles; ils sont surtout amateurs de marionnettes; il y avait un acteur de cette espèce âgé de quatre-vingts ans, qui faisait rire les Napolitains depuis soixante ans, dans son rôle de Polichinelle. Ces polichinelles et saltimbanques, toujours gais et fantasques, faisaient tressaillir la multitude ébahie.

Les cafés, les boutiques, les promenades, les lieux publics sont pleins dès le matin jusqu'à midi de toutes sortes de gens; à midi, on se couche; une heure avant la nuit on se lève, on se rhabille, on entre au café ou bien l'on monte en voiture pour se promener à Chiaia; ou le long du Pausilippe; le soir on va à l'Opéra.

On ne voit pas sur les lèvres des Italiens, la raillerie piquante, le rire sardonique.

Le mouvement de la rue Saint-Honoré n'est pas comparable à celui de la Strada de Tolède, les places, les rues, pleines de population, sont continuellement sillonnées par une multitude de voitures et de petites calèches qui volent tant elles vont vîte, et l'on craint d'écraser les enfants. Enfin les boutiques et les maisons semblent inondées d'habitants.

C'est sur la terrasse ou loggia, qu'au déclin du jour on vient chercher le repos et le soufle de la brise du soir.

La ville de Portici a le beau palais que Murat avait occupé; il y a des salles en porcelaine de Chine; le palais du prince de Salerne, la Bella Favorita, est au commencement de la ville; on voit, peu loin de là, Torre del Greco, brûlé neuf fois par le Vésuve : dans ces lieux, toutes les constructions sont sur la lave.

A Naples et sur les routes, on a sous les yeux un continuel tableau des misères humaines : des hommes ne pouvant mouvoir qu'une seule jambe suivent une voiture au grand trot des chevaux, et cela pendant un long trajet, demandant toujours la carita : des aveugles, des estropiés courent après vous; il y en a qui ont la forme de spectres hideux, de cadavres difformes; des cancers leur ont rongé le nez et les yeux; leur aspect fait reculer d'horreur. Les moines, si multipliés dans ces lieux, s'opposent à la formation de dépôts de mendicité, disant que nous devons toujours voir le spectacle fidèle des misères humaines pour être plus humains.

Nous entrons enfin dans cette merveilleuse Pompéia, dérobée et conservée pendant dix-huit siècles; notre domestique de place n'a pas permission d'entrer; c'est un militaire invalide qui doit nous promener dans cette ville antique que la cendre a préservée du temps dévastateur. Il n'y a point de monuments qui inspirent plus d'intérêt que ceux de Pompéia : tout se trouve tel qu'il était le jour de la terrible catastrophe qui la fit disparaître sous les couches volcaniques. L'épaisseur de la fumée obscurcit, du temps de Pline et de Titus, l'an 79, le soleil en plein midi; la mer se recula plusieurs fois et laissa les ruisseaux à sec; une grande pluie étant survenue dans le temps que l'air était le plus rempli de cendres, cela fit un mortier qui tombait par moment sur la terre; des fleuves de feu coulaient jusque dans la mer; des villages furent renversés; les dernières secousses ébranlèrent la ville : on entendit un bruit souterrain plus épouvantable que le tonnerre, qui retentit jusqu'à Rome et jusqu'en Egypte ; en ce moment, les villes de Pompéïa et d'Herculanum furent ensevelies avec la plupart des habitants qui étaient au spectacle public, suivant le narrateur Dion : nous ne partageons pas cette opinion.

La première maison qui s'offre à nos regards est celle d'Arius Diomède ; dix-sept personnes de sa famille sont trouvées victimes de l'éruption : Diomède lui-même meurt dans son jardin : nous avons examiné les amphores qui servaient à conserver son vin, pour faire des libations à Bacchus ; dans la distribution de son appartement rien n'est oublié ; depuis son boudoir jusqu'à la salle de ses femmes ; les fresques sont encore parfaitement conservées ; mais des figures obcènes ont été transférées au Musée de Naples ; les appartements ne sont pas de grande dimension ; tous construits avec la lave et la pierre ponce. On voit le tombeau de Diomède et la salle à manger après les funérailles.

Nous avons visité le cimetière, où se trouve le tombeau du commandant des anciens, de Luc Libelle, etc. ; l'ossuaire est adjacent, ainsi que le four pour brûler les corps. Pompéïa avait environ trente mille âmes de population.

Les rues sont pavées de larges pierres et ornées de beaux trottoirs paralelles. Il y a des maisons à l'enseigne de Priape : les lits comme chez les Turcs touchaient presqu'à terre : on voit sur les pavés ou dalles la trace des roues de voiture. Les fontaines sont à l'embranchement de deux rues. Les fours avec des pains dedans et des moulins pour les grains sont encore très-bien conservés et de même forme qu'aujourd'hui ; dans les maisons de cabaret on aperçoit la tache faite par les verres à liqueur sur le marbre ; les marques de l'ancienne douane existent encore.

Nous nous sommes promenés dans la maison de Salluste ; nous avons vu sa table à manger ; son jardin est petit ; mais tout est symétrique ; son lit en fer ressemble à ceux d'aujourd'hui. Dans les temples de Faune et de la Fortune, on trouve seulement la pierre purpurine.

Le tribunal, immense et imposant, est entouré de belles colonnes ; la prison est sous la salle où siégeaient les juges.

On fouille depuis cent vingt ans, et on transporte au loin les cendres, de manière à donner une libre circulation dans la ville : un tiers seulement de cette cité, entourée de murailles, est découvert.

Nous avons parcouru la rue des douze vérités qui sont Minerve, Junon, Apollon, Diane, etc.; elle conduit au temple d'Isis, puis à un magnifique amphithéâtre.

Il y a un théâtre comique, une fontaine en mosaïque de la plus grande beauté; les salles de bains n'ont point été oubliées.

Epuisés d'explorations longues et curieuses, nous nous sommes restaurés d'excellent vin de Pompéïa et du fameux champagne d'Ischia. On a trouvé des statues, des médailles d'or et d'argent, des vases de toute espèce, des chaînes pour les criminels, des bracelets pour les filles, des candelabres, une balance avec un poids ayant la forme d'un Mercure, une bague avec le mot Ave; la bibliothèque de Salluste; les parchemins du consul Pansa.

Tout existe à Pompéïa. L'homme seul a disparu. On a trouvé dans l'atelier d'un statuaire les ciseaux que la mort fit tomber des mains de l'artiste.

Dans la maison de Faono, à cause du beau Faune en bronze qu'on y a trouvé, on a découvert la plus belle mosaïque : c'est un grand tableau historique qui représente la bataille d'Alexandre et de Darius. Vingt-six guerriers et quinze chevaux de dimensions presque naturelles forment ce groupe admirable ; les plus beaux édifices publics sont : le Grand Portique, le Forum, le Panthéon ou Temple d'Auguste.

On a retiré des œufs bien conservés, du blé, de l'huile, du vin, des réchauds avec leurs charbons et leurs cendres, des provisions dans des magasins, qui consistaient en dattes, chataignes, figues sèches, amandes, prunes, aulx, pois, lentilles, petites fèves, de la pâte et des jambons. On a découvert des tableaux du meilleur goût, puis la maison entière d'un barbier. La boutique de cet artisan, les ustensiles, les bancs où les citoyens se plaçaient en attendant leur tour, jusqu'aux épingles qui servaient à la chevelure des femmes ; on a obtenu des instruments de chirurgie, tout est du plus beau travail ; rien n'est comparable à un Faune qui dort, à deux jeunes lutteurs qui sont nus. Ils vont lutter, on a peur, car on a oublié qu'ils sont de bronze.

On appelait la salle à manger triclinium, parce que l'on plaçait trois lits autour d'une table ; dans les maisons riches, il y avait des salles à manger d'été et d'hiver ; on restait à volonté à demi-assis, le bras gauche penché sur un coussin ; il était d'usage d'apporter sa serviette avec soi ; à peine assis, des esclaves versaient de l'eau sur les mains, ôtaient les sandales, nettoyaient les ongles. Le pavé d'une salle en mosaïques représente toute sorte de débris de repas, comme s'ils fussent tombés naturellement à terre.

A la fin du repas, on faisait circuler la coupe d'amitié, c'était un vin miellé : le maître buvait le premier, ensuite les convives, quelquefois on effeuillait des roses dans la liqueur.

Les candelabres étaient le meuble le plus élégant, quelques-uns représentaient une tige bourgeonnée, d'autres un bâton noueux, la plupart en bronze. Lorsque le pavé de lave se brisait, on comblait les intervalles, et on scellait les fragments avec des chevrons de fer qu'on voit encore.

Dans le temple d'Isis, on égorgeait les victimes, le sang coulait par une rigole pour se rendre au milieu d'un bassin où il allait baigner la tête du prêtre, dans une petite chambre qui servait de sacristie. Dans le sanctuaire, il y a six colonnes. Au coin de l'autel, il y a deux portes par où les imposteurs se glissaient entre les murailles et l'autel pour faire parler la divinité. Les plus riches compositions de la renaissance s'inspirèrent de ces élégantes créations.

La maison d'Aufidius est délicieuse; les peintures à fresques sont charmantes; c'est Vénus et Adonis dans le bain, le jeune Narcisse, le joli Mercure ; on croirait qu'ils viennent d'être peints.

On trouve peu d'ossements humains à Pompéïa, parce que le peuple avait pris la fuite dès les premières hostilités du Volcan ; les riches seuls étaient restés pour garder leurs maisons et en empêcher le pillage : ces faits sont consacrés par la tradition.

Nous sommes revenus à Portici, assis sur Herculanum, entre le Vésuve, qui fume, et la mer, qui bouillonne à ses pieds. Enfin rendus à Résine, nous descendons à quatre-vingts pieds de profondeur dans Herculanum, ensevelie pendant seize siècles sous une couche de grapilio, espèce de pierre ponce de la grosseur d'une noisette ; on nous éclairait à la lueur d'un flambeau, sous une voûte humide ; le Théâtre est grand et magnifique, on en admire la solidité ; la façade est ornée de belles colonnes de marbre, et les décorations étaient très-riches. Le portique du Forum avait plusieurs statues équestres en marbre ; les rues d'Herculanum sont dans le genre des rues de Pompéïa ; il y a des trottoirs, des fresques, des mosaïques, mais on a été obligé de recombler tout cela, dans la crainte d'occasionner l'éboulement de Résine et de Portici, bâties sur Herculanum.

On voit le moine, sur la route de Portici, tirer par la bride sa mulle rétive, et des corricoli à caisses fort étroites, vernissées de mille couleurs, pouvant contenir deux places et chargées de sept ou huit personnes, dont les unes sont entassées sur les brancards à siéges élastiques, le cocher, à bonnet rouge et veste brodée, tient les guides ; un autre en arrière excite du fouet aigu sa haquenée à flancs décharnés, parée de fleurs, de plumes, de reliques ; le filet suspendu comme un hamac, sous le train, porte aussi quelques enfants et le cane du vetturino.

Il y a encore de belles églises à Naples, c'est celle de Jésus, où sont des reliques de Sainte Philomèle ; les précieuses dépouilles des Saints sont enrichies de leurs têtes au-dessus de leurs os ; la Santa Chiesa possède l'intérieur du Temple de Salomon, le Tombeau de Charles d'Anjou, de la Reine d'Anjou et de son fils ; le chœur des Religieuses Franciscaines est remarquable. L'Inquisition n'est point en désuétude, et est dirigée par les Augustins. Les loteries s'expédient comme à Rome, sur les mêmes échelles.

Les Calabrois mettent une Madone sur leur charrette ; ils ont souvent dans la même poche chapelet et stilet, outre le portrait de la

Madone, suspendu à leur cou, ils ont encore l'image de leur patron. Mais, soigneux de leurs aises, ils sont toujours juchés sur leurs charrettes.

Les Italiens n'ont souvent qu'une cheminée ; c'est à la cuisine qu'il faut se chauffer, et on est obligé de se contenter du scaldino.

Le gouvernement commence à s'occuper de l'instruction du peuple. Il a créé des écoles primaires et secondaires. Dans le couvent des Carmes, on voit encore l'endroit où Masaniello fut assassiné, trois jours après la formation de sa république.

L'aspect des édifices est fort beau ; les toits sont presque entièrement plats, il y a des balcons avec des fenêtres vitrées ; on vend sur les petites boutiques, dans les rues, de l'eau à la glace, avec des piles de citrons, d'oranges ; des jets d'eau s'élancent entre des fleurs odorantes ; enfin, voici les souhaits que nous avons partout entendu faire : voir Naples, y jouir et puis y vivre.

A Naples, on ne sait guère ce qui se passe à Rome, et réciproquement : en général, les Italiens voyagent peu, et où iraient-ils pour trouver un plus beau climat ?

La population du royaume est prodigieuse, on y vit à peu de frais, on se contente de peu : la mer nourrit de ses poissons, de ses coquillages ; la cendre du Vésuve, de fruits, de vin et de blé, et les Apennins désaltèrent le Napolitain de leur neige.

Quand le lazzarone a gagné de quoi vivre pendant quelques jours, il se repose, se promène ou se baigne. Le sexe est très-laid ; la beauté s'altère promptement, attaquée par le climat, l'éducation et les mœurs ; les hommes se conservent assez bien.

Cicéron venait aussi savourer les délices de ces charmants rivages. Nous avons vu sa maison de campagne à Baïa.

Les Camaldules circulent encore dans le royaume de Naples, vêtus de blanc, de rouge, et le visage voilé ; ils ressemblent aux ombres infernales qui accompagnent les morts chez le dieu des enfers.

Enfin, on peut dire que le climat de Naples est si doux et si tempéré, qu'on y voit ensemble les beautés du printemps avec les richesses de l'automne. Dès le mois de janvier, la nouvelle année a déjà produit des fleurs, des pois verts et des artichaux, et l'on y trouve encore la terre chargée de melons, de raisins et des autres fruits tardifs de l'année précédente. Les marchands ont la coutume de surfaire une fois de plus que ne vaut la chose.

Le palais Capo di Monte, bâti par Charles III

d'Espagne, est une des maisons de campagne du Roi ; nous y avons admiré de bien belles fresques, un horizon très-étendu ; notre guide nous a fait entendre un orgue magnifique qui imitait parfaitement le piano ; c'était un objet de récréation pour les jeunes princes. Plusieurs salles sont revêtues des tapisseries des Gobelins de Paris.

Nous avons voulu visiter une seconde fois le tombeau de Virgile, qui appartient à M. de Jourdan, Napolitain. Alors ses poésies se représentaient délicieusement à notre esprit, et nous jetaient dans d'indicibles ravissements.

En parcourant les Catacombes, nous avons vu l'autel où Saint Janvier disait la messe, sa chambre, puis tout un populeux quartier de tombeaux, le souterrain se continuait jusqu'à Pouzzole et au Champ-de-Mars ; ils ont été creusés par les Chrétiens de la primitive église, pour se dérober aux persécutions.

Ce n'est qu'avec une terreur religieuse qu'on pénètre dans ces lieux ; on craint à chaque instant de heurter quelques débris humains ; cette montagne d'ossements est un spectacle affreux et imposant.

Le Musée de Naples, appelé Borbonico, est peut-être le plus curieux qui soit dans le monde, possédant les trésors de Pompéïa et d'Herculanum; des bagues, des boucles d'oreille, des bracelets, comme ceux de nos jours, quantité de vases, des candelabres, de belles peintures, des fresques admirables, des momies de deux mille ans, avec cheveux sur la tête, des statues en bronze infiniment remarquables; une clef de pompe, mastiquée d'un bout, fermée de l'autre, renferme de l'eau depuis le désastre de la cité; nous l'avons secouée et nous nous sommes assurés du fait.

Plusieurs fois, après nous être délectés de la musique qu'on entend ordinairement sur la place, près le palais du Roi, nous allions jouir de la vue lointaine et imposante du Vésuve : au demi-jour, le cratère paraissait s'ouvrir et se préparer au spectacle d'une éruption. Dans cette espérance, nous nous déterminons à aller lui faire visite. Nous retournâmes donc le lendemain à Résine, route du Vésuve, et où demeure le guide Salvator, dont la réputation pour connaître les mystères et l'avenir du Vésuve est européenne. Nous laissâmes notre voiture à la porte de cette illustre renommée volcanique, et nous nous munîmes d'excellents roussins d'Arcadie, montures locales et exquises pour nous rendre sans précipitation et à pas sûrs, au-delà de l'Ermitage, aux pieds du mont bitumineux.

Je caracolais pompeusement, à l'instar de Balaam et comme un fashionnable, sur une légère Mascarone (c'était son nom) que son maître suivait derrière, à grands pas, et s'évertuait en lui administrant sur les jambons force coups de canne, à conserver sa réputation de pétulante marcheuse, mais ayant oublié ce jour-là de lui donner la nourriture quotidienne et restaurante, au milieu de la route, mon modeste coursier, malgré les excitations et les coups peu soporeux que son maître avec dextérité faisait pleuvoir sur elle comme les coups de marteau sur l'enclume, ou plutôt on aurait dit un orage de grêle; un spasme et une foiblesse s'emparent du quadrupède; il se roule sur la cendre et la lave; prévoyant une catastrophe, par prudence, mes pieds n'étaient point engagés dans les étriers, et je pus sans être demi-mort ou demi-boiteux, me remettre lestement sur les jambes, quoiqu'un peu maltraité de bœuf à la mode, par les sauts et soubresauts de ma rustique et lourde monture; j'essayai un autre âne, et, pour cette fois, j'arrivai à l'Ermitage sans autre aventure fâcheuse. Nos montures répondaient par un coup d'oreille à leurs noms. En Angleterre, on les défigure et on leur coupe les oreilles, ce qui les rend moins intelligentes et plus sourdes à la voix de leurs maîtres. Encore nous apparaissait le froid serpent qui levait avec fierté la crête de son front superbe ; la belle verdure des trèfles incarnats et des vignes du Lacryma Christi venait réjouir notre vue. La vigne élance ses rameaux et donne l'espoir de propager ses bacchiques trésors.

Nous saluons chemin faisant la maison de Pergolèse, auteur, à vingt-sept ans, de son immortel Stabat, et les Solitaires du Vésuve ; c'est une espèce de caravansérail, ou lieu de station pour le repos des voyageurs ; c'est encore un oasis au milieu du désert ; ces pieux cénobites nous offrirent des rafraîchissements et le livre contenant la pensée des visiteurs : nous y trouvâmes des calomnies et des turpitudes si atroces et si plates, que nous ne voulûmes point y laisser figurer nos noms.

Nous continuons de cheminer ; dès ce moment, des gendarmes nous escortent ; on a pris ces précautions depuis l'assassinat, par des brigands, de quatre Bolonais qui venaient visiter ces lieux : on paie sa sûreté en donnant une bonne-main aux gendarmes : des loups, des bêtes sauvages se montrent dans ces déserts.

Nous voici au bas du Vésuve ! C'est donc là ce formidable volcan qui brûle depuis tant de siècles ; qui a subjugué tant de cités, qui a consumé des peuples, qui menace à toute heure cette vaste contrée, cette Naples, où dans ce moment on chante, on danse sans s'occuper guère du Vésuve.

Nous mettons pied à terre ; à l'instant, des faquins nous offrent le bâton du voyageur pour monter la roche escarpée, nous l'acceptons ; d'autres nous présentent des siéges. Officieux, ils se proposent de nous tirer avec des courroies ; nous refusons, nous voulons essayer nos forces. Nous montons très-péniblement pendant plus d'une heure, nous reposant souvent, luttant aussi contre la rudesse de la lave, quelquefois enfonçant dans la cendre, tourmentés que nous sommes par la crainte d'être obligés de rétrograder, ce qui est arrivé à plusieurs ; enfin, après mille pénibles efforts, nous arrivons au sommet du Vésuve, que nous avons monté presqu'à pic.

Dans ce difficile passage, on voit des voyageurs s'en retourner, d'autres errer sur le cratère ; nous descendons dans le volcan, guidés toujours par notre Salvator, marchant souvent sur des laves enflammées, étudiant les mouvements du volcan, comme les battements systoliques du poulx, pour éviter d'être couverts de feu, de cendre et de pierres sulfureuses.

Nous faisons ensuite d'abondantes provisions minéralogiques ; reposés de nos fatigues et après avoir pris des rafraîchissements au milieu des ruines et des débris, sur le domaine de la mort, nous fîmes des libations à Bacchus, et nous entonnâmes des hymnes à la gaîté.

À en juger par la montée, la descente devait être difficile : pas du tout. Nous cherchons une côte couverte de cendre, pour nous empêcher de glisser, et nous prenons sur nos jambes un train de galop, de manière que, sans accident, nous nous trouvâmes au bas dans six minutes : ce qui présente une descente fort amusante.

Le volcan n'a rien de fixe, quelquefois, il alimente deux et trois cratères ; dans d'autres moments, il n'en a qu'un ; volage et capricieux, tantôt il s'élance sur une montagne, tantôt il jette sur l'autre ses feux à profusion : il y a des signes précurseurs de sa furie ; les fumées du cratère sont plus épaisses, les détonnations plus rapides et plus nombreuses, des tremblements de terre se font sentir au loin, les puits du voisinage se tarissent, la mer dans le golfe de Naples retire un peu ses eaux : tout cela démontre que l'eau bitumineuse de la mer, les soufres, les matières pyriteuses sont son principal aliment, qui n'a besoin pour produire les feux destructeurs, que d'être excité par les principes volcaniques du Vésuve. Les couches de lave et de roches, déjections du volcan, sont superposées, et attestent que les volcans sont des creusets générateurs qui ont produit les roches, les montagnes et les métaux ; que la terre enfin, cette croûte sphérique que nous habitons, dont la charpente intérieure ne nous est pas connue, a été primitivement formée par les volcans, sources des dérangements et des grandes dislocations du globe.

Les volcans sont encore le principe des trésors de la terre végétale ; les productions du voisinage ont une végétation si vigoureuse, qu'on peut dire que la terre est vierge et dans sa naissance primitive. Le soufre du Vésuve n'est pas bon, il produit peu dans sa purification. De ce sommet, on découvre les plus belles vues, les plus fertiles campagnes, et on a, sous les pieds, les nuages qui, arrêtés, prennent une autre direction, cause ordinaire des changements de vents, que les volcans excitent encore par la dilatation et la condensation de l'air.

De retour à Naples, chargés de butin du Vésuve, nous remarquons un grand nombre de Napolitains qui déménagent une partie de leurs boutiques et qui travaillent dans les rues pour mieux jouir du beau temps.

Les mendiants mettent une main dans leur poche et l'autre sur leur bouche ouverte, en disant : morire di fame.

Le lazzarone jouit d'un beau soleil, il s'enivre de tabac, puis d'un vin exquis, et il savoure le *benedetto farniente si dolce*, par les belles soirées.

Les calésines, espèce de petits cabriolets gothiques, à un cheval, vont chargées d'amateurs. Ces voitures s'emploient de manière à porter onze et douze personnes à la fois, tant elles se prêtent à la souplesse italienne. Les curés des environs de Naples ont la calésine triangulaire, qui ne contient que le pasteur et son laquais le sacristain, quand il va visiter les confrères de la Métropole.

L'île de Caprée, à quinze lieues de Naples, est trop intéressante pour ne pas y faire une excursion. Nous nous rendons donc en voiture jusqu'à Castellamare, au-dessous des ruines de l'ancienne ville de Stabia, ornée de si jolies maisons de campagne : tout près est situé le bourg de Quilsissana, avec un beau palais du Roi; nous y sommes allés voir l'établissement des bains sulfureux.

Sur la route, la vigne, en guirlandes, semble avoir été oubliée après une fête; leurs festons de verdure sont jetés comme des filets sur la cîme des arbres; le souvenir de ces tableaux revient sans-cesse ; on voudrait ne plus quitter ces sites de l'Arioste.

Les vaches de Castellamare sont renommées par la bonté de leur lait.

C'est à Castellamare que se font les constructions navales ordinaires ; les chantiers nous ont paru peu animés, en comparaison de ceux de nos ports : le nombre des forçats n'est pas très-considérable ; le bagne est sur le même pied que ceux de France et de Gênes.

Notre domestique de place marchande le louage d'une embarcation pour nous rendre à Caprée : enfin nous voilà sur le golfe napolitain avec huit nautonniers et une barque légère ; au milieu des plus jolies grottes dans le rocher, nous relâchons à Sorrento, pour saluer le palais du Tasse ; ce palazzo appartient au duc de Montfort, son descendant, il renferme peu de richesses : au-dessous, près de la mer, est un temple de Neptune qui devait si bien inspirer le génie du poète ; puis, à peu de distance, est présentement une maison aux Jésuites.

Les orangers, les cédrats, les poncires étaient si chargés, qu'ils pliaient sous le poids des fruits, et leurs fleurs odorantes emportées par les doux Zéphirs, parfumaient notre route.

Nous remontons sur notre pirogue, et nous entonnons des cantatilles et des barcaroles :

> A Naples, ville heureuse,
> La vie est grâcieuse
> Comme un jardin fleuri.
> . . . .
> Sous ce beau ciel d'étoiles,
> Quand la nuit tend ses voiles,
> Le gai Napolitain
> . . . .
> Chante la sérénade.
> Des concerts, des prières,
> Un ciel pur, des cratères ;
> Voici Naples toujours.
> . . . .

La mer est couverte de filets qui restent sept mois dans les ondes, pour la pêche du thon ; plus loin, on aperçoit les ruines du temple d'Hercule. Ici c'est le villago di Massa. Nous continuons de voguer au milieu de ces merveilles ; mais la mer, dont les bords sont couverts de soufre, devient houleuse, et offre un peu de danger ; enfin nous débarquons à Caprée, île très-pittoresque, où résident quatre mille insulaires, et célèbre par l'éclatante victoire du général Lamarque. C'est à l'entrée du golfe de Naples que se trouvent les délicieuses îles de Caprée, d'Ischia, de Procida : dans ces deux dernières, les femmes ont conservé les habillements des anciens grecs. La physionomie des femmes de Procida et d'Ischia est empreinte du type grec; elles portent une longue robe flottante, elles vont jambes et pieds nus; leur taille svelte et étroite est emprisonnée dans un corset de velours, et sur leurs épaules, largement découvertes, tombent des flots de leur chevelure liée au sommet de la tête, à la manière antique. Nous avons vu, à Caprée, les restes du palais d'Auguste, ceux des douze palais élevés aux douze divinités majeures; on voit encore des ruines du Forum, des Thermes, l'emplacement d'une villa de Tibère. Nous descendons à l'hôtel de Salvator Petagnu. Nous fîmes un bon repas dans cette ile enchantée. Point d'ennuyeux laquais épiant nos discours, critiquant nos maintiens, murmurant d'un trop long dîner, se plaisant à nous faire attendre à boire, comptant nos morceaux d'un œil avide; nous étions nos valets pour être nos maîtres. Nos hôtes sont fort aimables, musiciens et danseurs tout à la fois. Après le souper, ils nous régalent de la danse sentimentale dite la Tarentèle, plus joyeuse que le Bolero des Espagnols, et, au bout d'une demi-heure, nous nous mîmes à danser avec eux, au son de leur mélodieuse guitare. A la porte de leur hôtel sont exposées de grandes cornes, espèce de talisman ou d'amulettes, pour préserver de la Guetatou, mauvais génie ou la fatalité ; les Messieurs et les Dames en portent de fort élégantes. Caprée est couverte d'oliviers, de vignes et de colza.

Dans notre barque, escortée de deux canots, nous nous dirigeons sur la grotte d'Azur ou des Nymphes, à une demi-lieue plus loin. La mer était si mauvaise, que des vagues monstrueuses et écumantes en obstruaient l'entrée et présentaient des risques à y pénétrer ; nos nacelles disparaissaient dans l'abîme des ondes, et s'élevaient ensuite sur ces montagnes liquides, pour offrir le coup-d'œil de la mer irritée. Tibère allait s'ensevelir dans la grotte d'Azur pour oublier ses crimes ; c'est une vaste voûte creusée dans le roc : la réfraction et la réflexion de la lumière, qui l'éclaire du haut en bas, produit ce beau bleu éclatant, en traversant la nappe d'eau qui est dans cet antre en communication avec la mer. Il y avait donc du danger à y pénétrer ; nous virâmes de bord, d'ailleurs le temps menaçant d'empirer, traverser le golphe et se rendre immédiatement à Naples, offrait trop de risques ; nous cinglâmes vers Castellamare, la côte nous protégeant un peu contre la fureur du vent ; mais au milieu du trajet, la mer étant trop périlleuse, nous relachâmes une seconde fois à Sorrento.

De jeunes filles formaient des couronnes parfumées, avec des fleurs naturelles qu'elles mêlaient agréablement à leurs cheveux, et qui leur donnaient beaucoup de grâces. Leurs beaux fronts rayonnaient d'une gaîté naïve, leurs longues paupières voilaient mystérieusement leurs regards ; sveltes et élancées, elles avaient, dans leurs mouvements, une souplesse et une agilité parfaite : comme la biche légère, elles bondissaient de rochers en rochers.

Aucune autre voie pour se rendre à Castellamare, que d'aller à pied ou sur des ânes, nous préférâmes marcher, la pluie venant surtout aggraver notre position ; les filles du pays nous ont paru les plus jolies du royaume de Naples ; de charmants accidents de terrains nous ont dédommagés de nos souffrances : c'était quelque chose de comique à voir que la débâcle de notre petite caravane. L'un tombait sur le sol glissant et mouillé, et se relevait dans un état qui n'annonçait point que nous étions dans le pays des Muses ; un autre luttait avec la terre qui, comme un mastique, retenait la chaussure ; dans cette perplexité, un de nos compagnons de voyage y laissa une semelle de botte, et fut obligé de continuer dans la boue comme un maraicher; nos manteaux nous ont préservés un instant de la pluie; mais, pénétrés eux-mêmes, ils devinrent si pesants, que nous préférâmes recevoir la rosée céleste sur nos corps et charger notre vieux domestique de place de nos dépouilles; celui-ci, qui ne fonctionnait pas aussi vigoureusement qu'un mulet, ne pouvait nous suivre; nos dames chantaient au milieu de ces aventures fâcheuses; enfin, n'en pouvant plus, nous nous arrêtons un instant chez de jolies fileuses de soie qui travaillent avec beaucoup de perfection, et qui nous permirent d'aller cueillir des pommes d'or ou des oranges dans leur jardin; grâces à ces ravissantes Hespérides, nous étanchâmes notre soif. Tout près, sont des cordes disposées parallèlement sur des montagnes, pour faciliter la descente de fagots à un four à chaux, exercice qui ne laisse pas d'être amusant à voir. Enfin, avec une pluie battante et pénétrés comme si nous avions fait plongeon dans la mer, nous arrivons à Castellamare sans avoir de quoi changer; les chaussures pleines d'eau, après avoir traversé des bois d'oliviers et d'orangers. Le Vésuve se fâchant cette fois et faisant entendre ses nombreuses crépitations; nous ne pûmes sécher notre corps tout morfondu. Nous avions devancé un peu nos dames, afin de préparer une voiture; pour comble de contrariété, nous eûmes mille difficultés à nous retrouver à Castellamare. Nous montons, ainsi imbibés d'eau, jusqu'à Naples, quittant cette mer couverte partout de bitume sulfureux : un changement de costume et un repas réparateur nous empêchèrent d'être malades des fatigues de ce voyage; que le beau temps aurait rendu si délicieux.

Nous renonçons au projet d'aller à Amalfi et à Pœstum, débris de Sybaris, pour voir des ruines; nous en avions tant vues ! Ayant déjà contemplé le beau palais de Caserte, il ne nous restait que des choses de peu d'importance à voir à Naples. Retourner par le même chemin, ne nous offrait pas d'intérêt, nous exposait d'ailleurs à la quarantaine qu'on ne faisait pas en débarquant à Ancône, Venise ou Trieste; il y avait impossibilité d'entrer en Sicile, où le climat est doux, le sol d'une merveilleuse fécondité, pour visiter Palerme, Messine, Catane, les belles ruines de Syracuse, aujourd'hui si réduite de son ancienne splendeur; la quarantaine pour s'y rendre était de quarante jours, et les Siciliens fermentaient et se préparaient à secouer le joug du Roi. La pointe de Campanella, qui sépare le golfe de Naples du golfe de Salerne, est très-dangereuse, par un tournant d'eau, c'est auprès que passe le bateau à vapeur. Il ne nous restait donc d'autre parti, que d'aller chercher l'Adriatique, en parcourant les riches contrées de la Pouille.

CHAPITRE X.

De Naples, Foggia, Barlette à Bari.

Ayant l'habitude de prendre toujours le coupé, j'en fis autant dans notre voyage de la Pouille; j'eus lieu de m'en repentir, car le coupé n'avait point de tablier, et rien par conséquent pour préserver du froid et de la pluie.

Nous arrivâmes d'abord à Cardinale, petite ville très-pauvre; toutes les femmes ont les cheveux d'un rouge très-prononcé : les montagnes sont des plus curieuses : en sortant de Cardinale, est Mougnania, où repose le corps de Sainte Philomèle; viennent ensuite les ruines de Monteforte; c'est là que s'excita la révolution de 1822 contre le Gouvernement Napolitain.

Nous voici dans la belle ville d'Avellino, de quinze mille âmes, remarquable par son voisinage des Fourches Caudines, où les Romains furent défaits par les Samnites; les voitures y sont traînées par des bœufs. Dans l'Italie, on rase le poil des chevaux, comme dans le midi de la France, et souvent, sur la route, le conducteur leur fait une saignée. Les noisettes, qui ont donné le nom à cette ville, y sont un grand objet de commerce.

Nous devions continuer notre voyage le lendemain, dès cinq heures du matin; mais le voiturier ne paraissait pas; il nous avait dit qu'il attendait des voyageurs de Naples, que leurs affaires avaient retenus; comme nous ajoutions peu de foi à ses paroles, sur les dix heures, croyant qu'il nous jouait un tour, j'invitai un ecclésiastique de Naples, extrêmement aimable et notre compagnon de voyage, à m'accompagner à la police pour obtenir justice contre le voiturin.

Tandis que nous étions cheminant pour cet objet, nous entendîmes le voiturin qui nous criait : « Arrêtez, arrêtez, voici les voyageurs; ils sont dans cette voiture qui va lentement; ils viennent d'être dévalisés par des brigands. » Nous vîmes à l'instant descendre de voiture, dans notre hôtel, trois robustes athlètes, l'un était un officier des gardes d'honneur du Roi, les autres, deux gardes urbains dans leur domicile d'Otrante et de Bitonto; voici ce qui leur était arrivé : Après la descente de Monteforte, où nous étions passés huit heures avant, les voyageurs, à demi-endormis, furent tout-à-coup tirés de leur somnolence par le mouvement que fit la voiture pour s'arrêter : à l'instant, un Monsieur bien costumé ouvre la portière et invite les voyageurs à descendre, leur présentant la main pour éviter tout accident ; les voyageurs, en se frottant les yeux, croient quelque chose de cassé dans le carrosse ; ils descendent et se voient à l'instant couchés en jou par douze brigands du pays, armés de fusils, de haches, de pistolets, leur imposant d'obéir à la force. Que faire dans cette position, toute résistance était inutile ou mortelle. Le voiturin, spectateur indifférent, se tenait les bras croisés sur ses chevaux. Dans une malencontre si épineuse, l'officier du roi de Naples ne perdit pas la carte ; il vida sa bourse pleine de pièces d'or, dans la main, et les glissa dans la portière de la voiture, près les vitres ; les brigands s'en aperçurent sans savoir comment les retirer, se réservant de défoncer le panneau à coups de hache ; ils commencèrent par faire l'inspection minutieuse des voyageurs, de la voiture, des malles et des valises ; après avoir consommé un ample butin de marchandises et d'argent, entendant le bruit de voitures qui approchaient, ils commandèrent aux voyageurs de se mettre à genoux, pour ne pas observer leur fuite. Les voyageurs volés firent une déclaration à la justice qui, immédiatement, ordonna des poursuites. Quinze jours après, nous avons appris que huit de ces brigands avaient été arrêtés. Il y a déjà près de dix ans, qu'aucune levée de boucliers n'avait été tentée par des malfaiteurs, sur les belles routes de la Pouille.

Nous continuons de cheminer avec nos nouveaux voyageurs et des gendarmes comme escorte, que nous payions à frais communs pour notre sûreté, ce qui nous était très-utile à nous, pauvres étrangers, qui aurions été fort embarrassés pour nous remettre en fonds, en cas de malheur.

Le pays continue à être des plus jolis ; nous couchons à Grotta. Dans notre chambre, il y avait une boulangerie et de petites souris qui voulaient dormir avec nous ; malgré cela, nous nous amusâmes beaucoup de l'amabilité des Signorelle nos hôtesses. Nous admirâmes et nous palpâmes leurs jolis colliers de corail qui faisaient l'ornement de leur cou, parce qu'elles étaient encore célibataires ; l'ecclésiastique et nos compagnons de route étant très-gais, nous passâmes joyeusement le temps.

Nous sommes distraits par les plus beaux

accidents de terrains, mais la prudence exige d'être accompagné par la force armée. Il ponte di Bovino a acquis une certaine célébrité : des voleurs, qui s'étaient depuis long-temps distingués dans leur profession, furent pris ; on leur coupa la tête et les mains, qu'on mit dans une cage, comme nous en avons vu à Naples, et qu'on exposa sur ce pont. Près de Bovino, il y a un harras de chevaux normands qu'on cherche à propager. Les montagnes, dans ces contrées, ressemblent à des nuages qui se succèdent, ou aux flots de la mer que le soleil teint des plus brillantes couleurs du prisme ; jamais nous n'avons rien vu de si merveilleux. Les maisons forment un effet très-pittoresque, elles sont groupées sur le sommet des montagnes ; la culture est si intéressante, qu'elle fait produire le centuple à cette terre promise : le froment, les oliviers y sont très-abondants ; de nombreux troupeaux paissent dans la campagne ; les haies sont remplies d'aloës. Dans les contrées que nous avons vues, les orangers nous ont paru les peupliers d'Italie.

Pour donner du repos à nos chevaux, nous faisons halte à la taverna del Giardino, espèce d'Arche de Noë ; nous suivons nos coursiers dans cette humble hôtellerie ; là tous les rangs sont réunis et confondus, prélats, prêtres, maîtres, domestiques, tables d'hôtes, râtelier, fourrages, gendarmes, cavalerie, jusqu'à des porcs qui circulent dans ce lieu public; nous avons promené dans les riches plaines du voisinage. La table d'hôte n'étant pas trop attrayante, nous mangions du pain et des oranges du Mont-Gargano, du prix de deux sous la douzaine, les plus grosses, ce qui nous creusait l'estomac et augmentait notre appétit au lieu de le diminuer. Dans cette excursion, nous faisions une récolte de noix de Galles, d'asperges sauvages, pour en faire une salade très-estimée des Italiens, admirant en même temps les beaux troupeaux de vaches qui prennent la fuite à notre approche, et qui nous refusent leur lait.

Les caroubiers, à la verdure éclatante, se mêlent à des groupes de pâles oliviers et d'aloës bleuâtres.

Foggia est une charmante ville de province, ses édifices sont bien bâtis; sa population approche de trente mille âmes; l'air n'y est pas sain. Il est rare de voir un plus joli jardin public; il y a des statues de grandeur naturelle qui imitent des ermites à s'y tromper. Nous sommes allés au théâtre; on y jouait une comédie toute sentimentale, que la foule applaudissait beaucoup, et que nous trouvions fort médiocre; au resté, la musique nous a fait infiniment de plaisir. Foggia est entourée de plaines aussi belles que la Beauce, et très-bien cultivées; la route continue d'être déserte, mais toujours fort curieuse jusqu'à Barlette.

C'est dans cette ville, l'ancienne Canne, si célèbre par la victoire d'Annibal sur les Romains, que se trouve la statue colossale en bronze d'Héraclius : un navire, qui l'apportait d'Athènes, ayant fait naufrage sur ces plages, on l'a retirée des ondes et on en a orné Barlette. La rade était très-agitée; la mer se brisait avec furie contre les roches, et il n'y avait pas de navires en partance. Nous nous déterminâmes à parcourir le littoral de l'Adriatique. Sur la route, nous trouvâmes des villes charmantes, entr'autres Trani, Molfette, Giovenazzo ; la campagne est partout embellie de la plus riche culture ; c'est le paradis terrestre de l'Italie : le grain, les oliviers, le mûrier, même multicaule, le caroubier se déployant comme un parasol, les vignes, tout y abonde. Les Turcs, les Maures, les Sarrasins ont mille fois porté le fer et le feu dans ces contrées.

En continuant de côtoyer la mer, nous arrivons à Bari, la seconde ville du royaume de Naples; sur le bord de la mer, comme la ville métropolitaine, elle a la forme d'un croissant : sa cathédrale, l'antique église de Saint-Nicolas, est extrêmement remarquable, et peut-être la seule renfermant des monuments égyptiens : deux bœufs apis soutiennent ses colonnes; il existe un tombeau de Charles d'Anjou, avec des statues très-indécentes; la cloche de cette cathédrale est immense; il y a en outre sous ce duomo, une église souterraine dont nous parlerons en traitant du pélérinage de Saint-Nicolas. On aperçoit de Bari l'Apennin Monte Angelo, si élevé et si effroyable; Saint Michel, suivant les relations du pays, y a fait une apparition. Quinze gendarmes, naguères, en voulant se frayer une route dans ces montagnes inhabitées, pour aller chercher, ou les Abbruzzes ou la Banlieue d'Ancône, tous dans ces Apennins redoutables sont devenus la proie des bêtes féroces, et n'ont laissé que leurs bottes et quelques vestiges de leurs désastres.

Les montagnes, en général, sont plus élevées dans l'intérieur du pays, que sur le bord de la mer. Les villes de l'Adriatique, à l'instar de celles de Naples, sont pavées de larges pierres.

Cet ecclésiastique, notre compagnon de voyage, padre Vita, professeur dans un collége de Naples, avec qui nous avions formé des liaisons si agréables par son esprit, son érudition, sa vraie piété pleine de tolérance et de savoir vivre, qui se prêtait aux circonstances d'une manière aimable, allait nous quitter; c'était une véritable affliction pour nous; ce moment fut triste. Nous fûmes pris au cœur de ce profond sentiment d'isolement qu'on éprouve dans un pays étranger. Mais tout finit en ce monde, même les meilleures choses. Avant de se séparer de nous, il nous donna une véritable marque d'attachement; il voulut nous recommander à un seigneur de ses amis : nous nous rendîmes donc sur les dix heures du matin dans le palais de ce patricien. Il se fait annoncer par un laquais : aussitôt ordre de nous faire entrer. Après avoir traversé plusieurs belles salles pleines de richesses, nous arrivons à la chambre à coucher; nous sommes extrêmement surpris d'être reçus par le seigneur et la signora, qui reposaient encore sur la couche nuptiale; étrangers à ces usages qui appartiennent au voisinage de la Turquie, je fus obligé de me faire violence pour ne pas perdre le sérieux; la signora laissait onduler ses cheveux; l'un et l'autre, comme l'aube matinale, étaient sans parure et sans ornement. A l'instant, de charmants enfants nous abordent et, par civilité, viennent respectueusement nous embrasser les mains. Le seigneur ordonna aussitôt à son laquais de nous servir le café au noir, que nous acceptâmes par urbanité. Il nous offrit une chambre dans son palais, et reprocha à l'ecclésiastique de ne nous avoir pas amenés chez lui à notre arrivée. Nous n'avons nulle part accepté des invitations aussi grâcieuses qui nous auraient entravé et fait perdre la liberté pour visiter les curiosités du pays.

L'importante Bari n'avait, dans ce moment, aucun navire prêt à partir pour Venise, Ancône, ou Trieste; obligés d'attendre une quinzaine, nous nous décidons à visiter le pays, but de notre voyage.

Nous ne connaissons rien de plus poétique qu'une promenade nocturne, sous le beau ciel de Tarente. Un immense horizon, de lointains paysages, le monde des invisibles se découvrant à nous, nous nous plongions avec ivresse dans l'infini des souvenirs. Le mugissement de la mer, la lourde cloche de la cathédrale, retentissant sourdement sous les pas du temps, nous annonça que l'heure était avancée. Nous nous dirigeâmes vers notre hôtel; tout annonçait déjà le repos, et ce silence n'était troublé que par les derniers soupirs d'une guitare dont la voix expirait au loin, et le chant monotone et tendre d'une mère qui endormait son nouveau-né.

Les campanilles de la terre d'Otrante ont des formes pittoresques, à la physionomie orientale : les uns sont de pierres blanches, les autres, en faïence peinte, offrent l'aspect de minarets ; des croix brillent sur les faîtes.

De retour à Bari, nous mangeons d'aussi bonnes glaces qu'en France; nous nous délectons de la fameuse liqueur stomatico. A la locanda del Sole, nous étions aussi bien que des Français peuvent le désirer dans ces contrées; je ne conseillerai jamais d'y venir sans savoir la langue; il est si rare de trouver des personnes qui parlent français, notre consul même l'ignore. Ils étaient étonnés que nous eussions entrepris un si long voyage et moltissimo pericoloso. La cuisine est meilleure que dans la Pouille, ancienne dépendance du Roi Apulius, où on nous donnait, comme mets délicieux, des cervelles de chèvre frites, des mamelons de vache en ragoût; il est vrai que le fenouil et le macaroni, long de plusieurs coudées, étaient, comme dans toute l'Italie, le grand régal, l'alpha et l'omega des trattories italiennes, avec l'agneau bêlant et d'un jour; pour dessert, abondance de laitues, de fèves et de pois en gousses qui fondent dans la bouche des Italiens; la même serviette sert à tout le monde, pendant huit jours; on retourne les verres, au lieu de les rincer. Aussi, pour manger ce démesuré macaroni, gros en proportion, a-t-on des tables très-hautes, de manière que le menton est dans l'assiette comme dans un plat à barbe; autrement, le macaroni serpenterait autour de la bouche, semblable à des vers et à des ascarides.

Un artiste de Paris enseignait depuis peu de temps la peinture, en quinze leçons, par le moyen de décalcage et de découpures; il avait gagné, dans quelques semaines, quatre à cinq mille piastres; mais il faisait bien d'imiter les oiseaux de passage; il aurait échoué dans un long séjour.

Nous avons passé des soirées philarmoniques très-agréables; les Italiens chantent avec beaucoup de passion. Nous avons encore assisté à des scènes de prestidigitation et d'enchantements modernes; ils font sauter la coupe et filer la carte avec dextérité; ils nous ont prié de donner un échantillon de la magie française; mais nous n'avons pu répondre à leurs désirs; ils n'usent que de cartes espagnoles avec lesquelles nous ne sommes pas familiers. Ils excellent, en outre, dans l'équitation. Dans le jeu de l'escrime, ils se croient de première force; la main gauche ne leur sert point de balancier, comme chez les Français; ils l'approchent de la poitrine, pour les aider à parer les attaques et les ripostes. Nous avons applaudi à leurs comédies bourgeoises et à de jolies pantomimes.

Dans ces lieux, prospère très-bien le coton; nous en avons vu de vastes plantations se développer au loin comme un tapis mouvant. Le safran, le frêne qui donne la manne, et le chêne qui produit la noix de Galle y viennent très-bien.

Les paysans et les paysannes abattaient les olives à grands coups de bâton, comme des noix; elles tombaient blessées et meurtries; ils les laissent ensuite fermenter, ce qui leur donne un peu goût de rance, désagréable à nos palais, mais fort estimé par les amateurs de ces lieux.

La terre est si fertile, qu'il lui suffit d'être grattée pour lui confier la semence, et de recouvrir celle-ci, pour la garantir des oiseaux.

Enfin, nous faisons une seconde visite à l'église de Saint-Nicolas, où autrefois on couronnait les Rois de Naples; mais ce n'était pas encore le temps d'aborder le fameux pélérinage. Les ecclésiastiques, qui nous parurent très-recueillis, en chantant vêpres, nones et matines, sitôt l'office, traversèrent l'église, en riant, causant, fredonnant, presque dansant, se frappant l'épaule, comme David, en gaîté, devant l'Arche; mais sans être excités par le son mélodieux de la harpe.

La ville ancienne de Bari a des rues très-sales et très-étroites, pour avoir de la fraîcheur et se défendre, en cas de siége; les maisons sont aussi à terrasse. Dans les villaggi, la fumée en sort par un trou qui y est pratiqué : la nouvelle ville est bien bâtie, dans le meilleur goût, mais basse d'étages, pour multiplier les maisons; les rues sont alignées et très-larges.

Au milieu de la nuit, nous entendîmes une horrible tempête qui devait abattre les maisons, renverser les arbres, submerger les navires. Nous songions, avec effroi, aux périls qui poursuivaient le matelot, sur cette mer dont chaque convulsion était pour lui une menace de mort. Cette fois, vraiment, j'avais envie de rebrousser chemin, de retourner à Naples, et de ne pas exposer les jours de ma courageuse compagne, sur l'Adriatique, que Virgile appelle mer horrible, féconde en naufrages; mais de reprendre la même route, courir de nouveau le danger des brigands, faire la quarantaine, aller encore sur la Méditerranée, avoir les mêmes hasards; il fallait se décider à suivre son sort jusqu'au bout, et retourner dans sa patrie.

Nous avons voulu éviter Carybde; nous avons failli tomber en Scylla; toujours occupés à rechercher les moyens de rentrer en France, dont le doux souvenir se retrace si bien quand on est sur un sol étranger. Après avoir visité les quais limitrophes de la mer, nous promenâmes près du port. Nous ignorions qu'un espace était destiné aux personnes soumises au domaine de la santé, et qu'on ne pouvait leur parler qu'à distance convenable. Dans cette position, nous abordâmes sans défiance un capitaine de Raguse qui errait en attendant la fin de sa quarantaine, qui avait lieu le lendemain matin : nous l'interrogions pour savoir si son départ était prochain; afin de le rendre favorable à seconder nos désirs et à mettre promptement à la voile, je voulus me familiariser avec lui et prendre une prise de tabac dans sa tabatière : à l'instant, une voix de stentor se fit entendre, c'était un argus de douanier, cumulant les fonctions fiscales et sanitaires, m'annonçant que si mes doigts avaient fait descente dans la tabatière du capitaine, j'étais de bonne prise, et que j'allais subir la quarantaine. Heureusement que je m'étais arrêté sur le bord de l'abîme, que je m'étais seulement borné à une démonstration d'amateur ; autrement, nous devenions sa capture, et il nous eût fallu essuyer une ennuyeuse captivité de dix jours, parce que ce qui venait de Raguse et de Corfou, était suspect de la peste et du typhus.

Mme Mercier et moi, nous promenions souvent sur le bord de la mer, cette partie de côte contient de la sèche, et est peu riche en coquillages. Souvent, nous voyions, sur les ondes, une forêt de mâts de petites barques de pêcheurs qui sillonnaient les flots, revenaient chargées de poissons, et répandaient sur le pays ces délicieux habitants des mers.

Nombre de mariages se font tous les jours dans les balcons et par des intrigues, à la faveur des entretiens nocturnes : de jeunes filles et des jeunes gens, qui n'ont pas d'autres moyens de communication, causent ainsi pendant des mois, et se marient, sans s'être jamais vus autrement que par les fenêtres ou à l'église. Qu'on se figure l'ivresse que doivent éprouver deux jeunes cœurs passionnés, le jour où disparaît le grillage qui les a séparés depuis qu'ils s'aiment; les entraves, les barrières, les grilles ne sont qu'une recherche de coquetterie ou de sentiment; l'un n'est jamais séparé de l'autre.

En général, l'éducation des demoiselles est fort peu soignée à Naples et dans le royaume; elles ont un vernis d'usage du monde; on les marie dès douze ans, et elles sont vieilles de bonne heure.

Les parents, sans énergie, avec aveuglement, foiblesse, et sans apprécier le prix des talents, laissent leurs enfants perdre le temps dans des futilités, source ordinaire de regrets amers pour les autres âges de la vie : beaucoup de jeunes gens végètent sans état au milieu des débordements que provoque l'oisiveté.

Un nouvel installé dans le mariage vivait dans la lune de miel avec sa jeune épouse : un frère, qu'il aimait tendrement, avait à toute heure l'entrée de son palais. Qui eût pu se persuader que, sous le manteau de la consanguinité, un frère aurait abusé du toit de la famille : ce perfide investit les avenues du cœur de sa belle-sœur, puis il l'enleva sans qu'elle y mît opposition. Le mari, justement courroucé, ne se livra point à la vengeance ; il abandonna l'infidèle à son frère, et se borna à une simple séparation, c'était la grande nouvelle pendant notre séjour.

A Tarente, comme à Bari, les rues sont bordées de maisons enrichies de balcons encombrés de fleurs. Les signorelle font là conversation d'un palais à l'autre, en échangeant des sourires avec les cavaliers qui passent ; c'est une flanerie délicieuse, une existence toute de bonheur, un *far niente adorable.*

La chaleur, tempérée par des brises marines, le soir et le matin, est si forte au milieu du jour, qu'il y a nécessité de dormir, ou toujours de rester à la maison : en raison de cela, le dîner n'a lieu qu'à dix heures du soir. A onze heures du matin, la vie cesse comme par enchantement sur tous les points à la fois : alors le génie de la solitude s'empare de la cité jusqu'à la chûte du jour.

Un Français, M. Ravenas est venu installer à Bitonto une machine à presser l'huile : dans le commerce, il y a beaucoup d'argent à gagner sur les huiles; l'un portant l'autre, les terres rapportent quinze pour cent.

Peu habitués à voir des Français dans ces lieux, nous étions regardés de près, depuis les pieds jusqu'à la tête, même par le clergé régulier; il est vrai que les femmes de ce pays ne sortent jamais, sauf le dimanche pour aller à la messe.

La législation, dans l'Italie, est le code civil français que nous y avons établi, modifié par les coutumes et les mœurs des localités; en général, le droit d'aînesse, qu'on a voulu ressusciter en France, contre l'équité et le bon sens, usage arbitraire qui allume l'inimitié et dégrade le cœur en excitant le venin de la jalousie, puisque le père doit également justice à tous ses enfants ; cet usage féodal est proscrit dans les contrées de l'Adriatique.

Dans ces gouvernements, qui ne sont pas à bon marché, l'argent est la grande divinité, et les juges se laissent facilement corrompre. On peut dire qu'il n'y a point de justice : de là vient l'emploi du poignard, espèce de navaïa ou couteau des Espagnols, pour se venger d'un affront ou d'une violation légale ; c'est un frein imposant. Que l'action des tribunaux soit équitable, et bientôt cesseront les excès de barbarie et de surprise. Une rixe a lieu entre un Italien et un Français : l'Italien préfère laver la querelle en tirant un coup de fusil par une fenêtre, ou en le faisant tirer sur le Français qui passe dans la rue; la clef d'or trouvant le moyen de mettre un bandeau sur les yeux et la moralité des Juges : quelles garanties pour les personnes et les propriétés? Faut-il que de tels climats, qui sont le jardin du monde, et autrefois une pépinière de héros, soient ainsi dégénérés et tombés en quenouille!

A Bari, la douce intimité, qui fait le charme de la vie en France, est complètement bannie.

Accompagnés de seigneurs et de signore, signor et signore Domenico del Giudice, chez lesquels nous avions plusieurs fois dîné, à la recommandation du seigneur Liji di Vincenzo, M.me Mercier et moi, avec ce charmant cortège, nous nous transportâmes à l'église souterraine de Saint-Nicolas, pour faire visite à ce pélérinage peut-être plus en renommée que celui de Notre-Dame-de-Lorette; arrivés à l'autel qui renferme les os du Saint, on aperçoit l'église souterraine, remplie d'ex-voto, en commémoration des miracles opérés par cette manne céleste.

Ces ex-voto sont suspendus aux murs de la chapelle; il y en a de toute espèce : des jambes d'argent, des doigts, des bras, des chars, des bateaux ; c'est tout-à-fait un cabinet de curiosités. Ils représentent des personnes tombées dans des précipices, dans la mer, en proie aux bêtes féroces, aux brigands, sous les roues des voitures, si l'on porte une bouteille ou fiole de la liqueur des os du Saint, on se trouve tout d'un coup arraché à ces dangers par l'omnipotence de cette eau miraculeuse. Les habitants de Bari y ont beaucoup de foi et de dévotion; de nombreux pélerins viennent y faire des stations de toutes les parties de l'Italie, même des côtes de l'Albanie et de la Dalmatie. Voici présentement en quoi consiste le miracle quotidien : depuis des siècles, c'est-à-dire depuis la translation des ossements de Saint-Nicolas, de Myr à Bari, on remarquait qu'il sortait de ses os une eau, liqueur ou manne inodore et ressemblant parfaitement à de l'eau distillée, incorruptible : dans la bouteille qui en contient, il y a quelquefois une végétation sous la forme de cryptogames; on en conserve, depuis des siècles, et ceux qui sont porteurs de cette eau, y ayant foi, obtiennent journellement des miracles; en général, le caractère des Italiens est d'aimer le merveilleux. Tout étincelle d'argent dans cette chapelle ; des prêtres s'y tiennent avec grand recueillement. La chronique du lieu dit qu'un seigneur vénitien avait écrit à un ami de Bari, de lui expédier trois bouteilles d'eau du Saint ; que cet ami, pour faire la fraude, avait envoyé deux bouteilles d'eau ordinaire, une seule de la manne précieuse ; qu'arrivées à Venise, les deux bouteilles d'eau, fraudées, se trouvèrent corrompues, l'autre, dans sa bonté, avec ses vertus prodigieuses.

Corroboré de tant d'apparentes certitudes, je vis un prêtre ouvrir une porte dans l'autel, se prosterner, et y pénétrer dans cette pieuse posture ; allumant une bougie, la faire descendre à l'aide d'un grand bois, et rester ainsi dix minutes, extasié, pendant lesquelles je suspendais tout jugement, fermement décidé à croire, si je voyais le moindre sujet de le faire ; c'est dans ces dispositions que je me présentai, sitôt que le prêtre se fut retiré, les seigneurs voulant nous faire honneur, je me prosternai pour remplacer le prêtre : dans cet autel souterrain, j'entrevis un tuyau d'une dixaine de pieds de longueur, éclairé par cette bougie qu'avait fait descendre le prêtre ; au bout de ce tuyau, l'endroit s'élargissait et s'épanouissait : dans son milieu, je découvris un os reluisant d'humidité ; je sortis de là sans avoir la foi plénière au miracle ; car si l'os du Saint produit environ deux seaux de liqueur par jour, que le prêtre obtient en faisant descendre un baton d'argent avec une éponge, puis il l'exprime dans un vase précieux ; pourquoi ces saintes dépouilles sont-elles dans un lieu bas, obscur, dérobé et humide ? Pourquoi ne pas rendre le miracle visible, en l'exposant aux yeux du monde pour le vérifier : je m'abstiens d'autre argumentation : nous sommes dans un siècle positif et mathématique, nous ne cherchons pas à raisonner sur le miracle, mais nous ne voulons pas être captivés sous des jongleries italiennes ; nous voulons explorer si la source prétendue miraculeuse est respectable, pour empêcher le fablio et le romantique de duper les masses sociales.

A Bari, les dignités ecclésiastiques se font reconnaître par la couleur des bas et les cordons de chapeaux ; les nuances bleues, vertes, violettes signalent un chanoine, un vicaire, un apôtre.

Nous vîmes dans la banlieue de Bari, le joli jardin de M. Macoo ; il est orné de belles statues en terre cuite de Vénise ; les feuilles et les fleurs des plantes qui sont dedans comme dans des vases, sortent par les yeux, la bouche et le nez de ces statues; ce qui donne une charmante scène florale. Nous avons aussi trouvé l'église de Saint-François une des plus riches de ces contrées. Les derniers rayons du soleil couchant se jouaient à travers les vitraux et les embrasaient de leur splendeur expirante; c'était l'heure de la prière; les ténèbres commençaient à envahir le temple. L'orgue soupirait de vagues et plaintives mélodies; un sacristain vêtu de blanc se perdait comme une ombre à travers les piliers. Quelques femmes, à genoux, au pied des autels, cachées dans leurs mantilles, confiaient au consolateur invisible de secrètes douleurs et des larmes mystérieuses.

Les habitants de Bari n'ont encore pour boire que de l'eau de gouttières. Des ânes, chargés de deux amphores à large ventre, font l'office de porteurs d'eau, s'arrêtent d'instinct devant chaque porte; ils distribuent l'onde rare et coûteuse. Comme l'eau douce manque, on a soin de conserver l'eau de pluie dans de vastes citernes, pour laver et arroser.

On peut dire que l'aspect de la nouvelle Bari fait un bon effet du côté de la mer et offre un charmant panorama. M. Melelle, un des plus riches négociants de cette cité commerçante, nous a fort bien accueilli. M. Jougla et sa dame nous ont témoigné beaucoup d'intérêt ; nous trouvâmes un jour un signor couché devant de charmantes signore qui faisaient cercle autour de son lit pendant la sieste ; elles avaient le cou très-découvert, suivant l'usage, et étaient chargées de colliers de coraux, de perles fines, de bracelets ; étalant des grâces à l'aide d'un éventail. On aime tellement la musique, la mandoline et la guitare sont si en vogue, que chez un perruquier, deux guitares jouent sans-cesse quand un patient se fait faire la barbe..

C'est dans les conversations de la rue et des chemins, qu'un voyageur découvre souvent les nuances les plus fines et les plus cachées du caractère d'un peuple.

Une française était une grande nouveauté dans le pays : les signorelle, nos hôtesses, vinrent un soir, au nombre de six ou sept, demander permission de palper devant moi Mme Mercier, pour voir si elle était bien de chair et d'os comme elles. Au reste, ces braves gens nous ont témoigné beaucoup de cordialité, quoiqu'en général, ils soient peu scrupuleux pour les mœurs, abus que la chaleur du climat excuse, ainsi qu'une complète ignorance, voisine de l'abrutissement. Qu'on laisse le flambeau de la presse et de la civilisation éclairer ces populations, on verra bientôt d'autres hommes donner l'exemple de la moralité et des vertus : les campagnes ne sont pas si dépravées ; elles conservent mieux les impressions virginales.

Des omnibus, à l'instar de France, inventés autrefois par Blaise Pascal, circulent de Bari à Molfette.

Pour éviter les regards et de pénibles adieux, nous partons incognito de Bari, accompagnés du digne M. Jougla et de sa chère compagne : ils voulurent nous donner, jusqu'aux derniers moments, des marques d'attachement, ce qui entrait dans les vues de M. le Recteur de l'Université de Bari, qui nous portait de l'intérêt, en qualité de Français ; il nous fit chaudement recommander à un capitaine de navire et à un seigneur de Molfette, il signor Francesco Rosso.

Arrivés à la ville de Giovenazzo, M. Jougla nous fit entrer au Sérail, vaste bâtiment ainsi nommé dans ces lieux ; c'est une école d'arts et métiers, très-belle institution philantropique du Roi de Naples, pour les enfants trouvés ; elle est parfaitement dirigée à l'instar de nos plus beaux ateliers de France.

Les Italiens de ces endroits, quand ils veulent appeler un subalterne, ils le sifflent comme nous sifflons nos jambes torses ou nos bassets ; quand ils embrassent quelqu'un par amitié, ils ne l'embrassent jamais que sur une joue ; ils ne prennent point d'eau bénite, en sortant de l'église, parce qu'ils disent qu'on est purifié.

Nous sommes à Molfette, que nous avions vue en passant ; c'est une belle ville de quinze mille âmes ; les marchés y sont très-animés ; la rade est excellente ; les femmes sont moins sauvages qu'à Bari, Brindisi, Otrante, Trente, où, quand un mari fait une invitation, aucune femme ne paraît ; elles sont déjà un peu regardées en esclaves, et ne partagent point le gouvernement et l'administration de la maison comme maîtresses.

C'est de Brindisi que Cicéron partit pour Thessalonique, au jour de son exil, et que Virgile y exhala sa plainte dernière.

En Italie, le prêtre n'est point incarcéré dans un confessional ; sa figure est à découvert, et laisse voir les fugitives impressions que ses pénitents produisent à la barre de son tribunal. Dans une église de Molfette, nous ne savons ce qu'il y avait d'amusant dans l'acte d'accusation d'une gentille pastourelle, mais elle excitait des assauts de gaîté au révérend père, au point de le rendre malade par des rires qu'il s'efforçait de modérer, son visage en était incarnat, menaçant d'apoplexie.

Nous étions très-bien à Molfette, à la locanda de la Bella Napolitana; on nous servait avec une sorte de religiosité, et on avait pour nos personnes une véritable dévotion. Notre passeport n'ayant pas été visé par le gouverneur de Bari, nous fûmes obligés d'éprouver un retard. Il vaudrait mieux perdre sa bourse que son passeport sur cette terre étrangère; mille difficultés s'élèveraient pour se procurer une nouvelle carte de route. Mais la mer étant houleuse, il n'était pas prudent de lever l'ancre; d'ailleurs, il est dangereux de le faire quand les Apennins paraissent sombres et couverts de vapeurs.

Nous voici au moment du départ. Avant d'embarquer, trois docteurs indigènes, à figure hypocratique, nous examinèrent depuis les pieds jusqu'à la tête, avec beaucoup de curiosité, parce que nous venions des Gaules; ils nous tâtèrent le poulx et nous firent ouvrir la bouche pour admirer la langue française: la position béante et soporeuse devenant pénible, il nous prit une quinte de toux, et nous manquâmes de les couvrir de flocons salivaires. Notre locandier, par honnêteté, se refusa à nous faire payer le dernier repas; il nous donna encore une bouteille de liqueur que nous fûmes obligés d'accepter; plusieurs nous baisèrent les mains, jusqu'au cafetier qui était venu nous apporter des glaces et des bonbons. Les femmes ont des schals sur la tête et des bas de plusieurs couleurs. Les habitants sont hospitaliers, et, aux coups de canon de départ, presque toute la population voulut voir embarquer un Français et une Française. La gloire de Napoléon a rendu le nom Français illustre dans ces lieux. Du temps des Croisades, le comte de Vermandois et d'autres Français s'étaient plusieurs fois embarqués sur ces plages, afin d'aller chercher la lumière de l'Orient, et de laisser peu à peu périr la puissance seigneuriale, au profit de la monarchie, en sapant les fondements de la féodalité.

CHAPITRE XI.

Voyage sur l'Adriatique.

Par honneur, le capitaine vint nous chercher en canot, afin de rejoindre notre navire à une lieue en mer; il avait fait provision de cages à poules et de volailles, sachant que nous nous accommodions peu de l'ambrosie italienne; nous avons planté sur ces rives la renommée que les Français ne vivent que de gallinacées.

Sur le milieu des ondes, nous apercevons d'un côté Molfette, de l'autre Trani; Barlette, Bisceglie, ensuite les sourcilleux Apennins, et surtout le fameux Mont-Fredonia; nous traversons l'Adriatique jusqu'à l'Albanie; et, au milieu de la navigation, s'élève une furieuse tempête. Mme Mercier et moi nous occupions la chambre du capitaine, dans laquelle se trouvaient deux cabines pour les premiers officiers; Madame en avait une, j'avais l'autre en face : notre chambre était aussi bien qu'on pouvait le désirer sur un brick de cent cinquante tonneaux; douze fusils, des sabres étaient auprès de nos couchettes, suspendus comme l'épée de Damoclès ; quatre batteries en disposition de jouer sur le pont, en cas d'attaque des pirates qui infestent souvent ces mers ; j'avais invité Madame à se coucher pour éviter le vomissement, ayant déjà la certitude du succès de ces précautions ; j'en avais fait autant, et, pendant la tempête qui nous balançait rudement, au milieu de ces fortes secousses, je dormais d'un profond sommeil ; il n'en était pas ainsi de ma chère compagne ; elle s'aperçut que l'inquiétude régnait sur le pont : aux coups de tonnerre réitérés et aux torrents d'eau qui tombaient, elle vit entrer le capitaine avec des matelots qui descendaient des malles amarrées de chaînes pour les sauver du mauvais temps ; puis une partie de notre équipage se prosterner aux pieds de Saint-Vincent Ferrier, patron du navire, lui faire des vœux, prendre une bouteille de la liqueur de Saint Nicolas, et la jeter dans la mer, retenue par une ficelle. A mon réveil, l'orage était calmé ; nous découvrions déjà les côtes de l'Albanie. Madame me raconta ce qui s'était passé ; que, ne connaissant ni le capitaine, ni l'équipage, elle ne savait, au bruit de ces chaînes et de ces mouvements d'hommes, ce qu'on voulait faire et où on en voulait venir. Le capitaine me confirma les inquiétudes de la nuit ; que l'équipage avait constamment été sur pied, tant le péril avait été grand. Cette mer ne ressemble à aucune autre par l'azur de ses flots et quelquefois par leur irritation inouïe. Enfin nous saluons des villages et des bicoques de l'Albanie ; nous voyons des Albanais avec leurs spadilles, ou espèce de sandales en peaux de vache ou de chèvre, fixées à leurs pieds pour monter leur sol escarpé ; ils portent une veste et de longues guêtres ; des minarets et des kiosques viennent réjouir notre vue.

Nous apercevons la rade et la petite ville de Dulcigno : les habitants ont la réputation d'être des corsaires très-redoutables ; à quatre lieues plus loin, à l'opposé de Bari, de l'autre côté de l'Adriatique ; nous reconnaissons la rade d'Antivari et la ville de ce nom, à une heure de distance.

Nous sommes dans le voisinage de Scutari, si florissante jusqu'en 1831, par la cour brillante de Mustapha, mais présentement couverte de ruines ; la Macédoine, la Morée ne sont pas très-loin de nous ; mais nous ne pouvons faire d'excursion et aller visiter ces contrées si fécondes en souvenirs et si dignes du temple de mémoire ; il ne faut pas nous écarter de notre plan ; autrement, nous serions insatiables, et nous ne suivrions pas la pente si douce de nos affections, qui nous appèlent à chaque instant auprès de notre enfant chéri.

Voici donc cette terre subjuguée par le Croissant : ici la morale changerait-elle en changeant de climats. La force et la brutalité ont proclamé une jurisprudence diamétralement opposée à la nôtre ; le beau sexe qui, dans les pays civilisés de l'Europe, contribue si puissamment à faire le bonheur de l'homme ; qui, dans l'union conjugale, partage harmonieusement les soins de la maison, charme le cœur en même temps qu'il sympatise délicieusement par un échange de douces affections, et réalise parfaitement

> Ce monde toujours beau,
> Toujours divers, toujours nouveau ;

Le beau sexe, disons-nous, n'a d'autre espérance, sur les côtes qui s'offrent à nos regards, qu'un esclavage plus ou moins doux. Les femmes, sous la religion du Coran, se trafiquent comme des nègres, des troupeaux ou des marchandises ; on en fait un objet important de commerce : jugez comme les places publiques où se tiennent les foires sont remplies de jolies brunes, blondes ou chataignes, au gré des amateurs; ce sont des incomparables Circassiennes, Géorgiennes, etc. On les offre même à des seigneurs, pour obtenir leur amitié, comme le plus digne présent qu'on puisse faire, et, dans de riches sérails, elles sont la propriété mobiliaire du Sultan et des hommes puissants de l'Islamisme.

Malgré l'esclavage, les femmes ne sont pas toujours malheureuses; dans un pachalik, un Pacha renouvelle souvent les beautés de son sérail; il a besoin de stimulant et de changement de mets pour exciter ses appétits immodérés; il charge donc des émissaires d'acheter d'autres esclaves qui peuvent lui procurer de nouvelles images enchanteresses. Une des femmes, bannie d'un sérail, qui aimait le Pacha par dessus toutes choses, même au prix de sa liberté, préféra la douce captivité d'être la familière du prince; elle conjura une nouvelle achetée, tremblante et en larmes, de quitter son pays, de lui laisser secrètement prendre ses chaînes qu'elle trouvait de roses et de soie. Elle n'eût pas de peine à obtenir cette faveur si peu enviée; elle retourna auprès du Pacha qui, nageant dans les friandises, croyait posséder une nouveauté; elle devint l'objet de son culte et de ses délices. Le seigneur apprit un jour le zèle de sa favorite ; sa passion n'en fit que s'accroître ; il s'attacha à cette déité, qu'il éleva au premier rang parmi ses femmes.

Présentement, nous apercevons Raguse, ville de six mille âmes, et dépendante de l'Autriche. Nous voyons plusieurs navires, entre autres des vaisseaux allemands ; puis nous entrons dans le canal de l'Adriatique, formé par la nature. Le navire, avec ses voiles déployées, glissait comme une feuille emportée par la tempête, dévorait l'espace, en creusant l'abîme qui s'écartait en gerbes d'écume éblouissante et gardait long-temps encore un sillon bouillonnant.

Les côtes de la Dalmatie sont montueuses et stériles, l'olivier n'y prospère pas ; les villages sont pauvres, vastes et tristes, offrant peu d'intérêt au voyageur ; les habitants sont dépourvus du bien-être de la civilisation : cependant la voix des cloches nous fait quelquefois entendre ses religieux accents. Les marins, penchés sur le bord de l'abîme, adressent, avant chaque repas, une prière touchante à l'Éternel. Le poisson est si abondant dans la mer que nous sillonnons, qu'une partie en est couverte. Notre repas est sain et abondant; nous donnons la préférence au biscuit; nous laissons de côté les petits pains, que les vers endommagent, et qui sont très-facilement détériorés.

Voici comme notre marin cuisinier napolitain, que j'appelais le cuisinier du Roi, expédiait notre trattorerie; il commençait par plumer vivante notre volaille, puis il l'étouffait, la séparait avec son scapel, confiait aux braises ses succulentes fractions : les intestins étaient sa propriété et son festin. Au reste, rien ne nous manquait, ni la verdure, ni les petits pois, ni le potage au délicieux cavoli, ni le tendre agneau, ni la vaccine, ni les oranges, ni les cédrats, ni les friandises, ni le café, ni le stomatico ne nous étaient omis : au contraire, le capitaine et son second nous faisaient mille instances pour leur permettre de disposer nos repas de manière à nous exciter à l'appétit; ils poussaient même la civilité jusqu'à vouloir réduire nos viandes à leur plus petite expression, pour diminuer le travail de notre mastication; mais tant de bienveillance serait devenue importunité, et nous parvînmes, sans les offenser, à nous laisser l'office de nos soins et de nos répartitions stomacales.

Des brigantins de Scutari glissent et courent

à pleines voiles ; blanches comme des aîles de cignes ; et semblent disparaître sous les flots.

Jusqu'à dix lieues, avant d'arriver à Trieste, nous n'avons plus à naviguer que sur un beau canal, que les hautes montagnes des Alpes préservent si bien contre les orages et les tempêtes. La neige brille comme la pointe d'immenses candelabres sur leurs sommets glacés. Surpris par un calme, nous fûmes obligés de relâcher à Scipolino, très-beau port dont la petite ville est habitée par des Dalmates, costumés à la Grecque. Quatre autres navires turcs, napolitains, grecs, mouillent en même-temps que nous : les marins se décident à faire une descente ; notre capitaine nous invite à l'accompagner, ce que M.me Mercier et moi nous acceptâmes avec plaisir, pour prendre connaissance des indigènes qui étaient sur la côte, au nombre d'une vingtaine : il nous semble encore voir leurs toques rouges, la longue barbe qui décore leurs visages, à l'instar des belles statues italiennes, pour montrer l'homme dans sa primitive grandeur, avec les mœurs virginales de l'âge d'or ; leurs ceintures, leurs larges cimetères, leurs pipes d'une toise, nous indiquant une partie du rivage pour caminer, mais nous interdisant leurs demeures, parce qu'ils ignoraient si nous avions à subir une quarantaine ; nous promenons dans les limites, au nombre de quarante, avec des Turcs et d'autres nations qui ne parlaient que la langue grecque ; un très-petit nombre savait l'italien, et tous ignoraient le français. Pendant ce temps, les officiers marins ne restaient pas inactifs ; ils faisaient emplette de poissons : dans cette excursion, les terres nous ont paru ingrates, mais très-bien cultivées entre les roches, où se trouvent des vignes, des grains, des oliviers. Les habitants de l'Albanie et de la Dalmatie sont dans un état voisin de l'indigence. Nous entendîmes les sons d'une cornemuse qui partaient de l'extrémité de la montagne ; cette musique pastorale était parfois interrompue par le rire et les cris des Dalmates qui se livraient aux danses champêtres. Les provisions étant faites, et la pluie venant nous surprendre, nous remontons dans notre canot pour regagner nos navires : le capitaine et le second nous donnent un très-bon souper de poulets rôtis, de salade, de petits pois grillés, de sardines fraîches, de poissons, de figues, d'amandes ; il est impossible, dans ces parages, de faire un meilleur festin et avec plus de gaîté. Nous nous séparons pour ne pas refuser les pavots de Morphée. Dès l'aube du jour, restaurés d'une tasse de café au noir que le camérier nous apportait, nous levons l'ancre et nous appareillons.

Nous découvrons encore les Alpes couvertes de neige dans la Dalmatie, mais le mistral vient à souffler, nous sommes obligés d'aller contre le vent. Le mécanicien qui trouverait un agent moins pesant et plus économique que la vapeur, pour utiliser les bras des marins, dans un moment où Eole refuse son aide, ou dans un temps de bonace, rendrait un immense service à la navigation : souvent on est près du port, sans pouvoir y entrer, on manque de vivres, il faut recourir aux précieuses conserves alimentaires, faute d'un moyen facile pour lutter contre les vents et le calme, on est obligé de rester stationnaire exposé à périr faute de tout.

Mme Mercier, voulant jouir du beau spectacle de l'Adriatique, si souvent azurée, monte sur le pont : les marins s'empressent de lui préparer un sopha avec un manteau à capuchon sur un canon ; la neige des Alpes, qui refroidit toujours le mistral, nous fait trouver la température froide sur ces mers. Ici, il y a nécessité d'une bonne constitution ; une santé fragile aurait peine à soutenir ces changements de climat, à moins qu'un voyage en voiture ne l'eût déjà fortifiée.

On entendait le son lointain de la petite cloche d'un campanil et le bruit de la musette des pâtres qui conduisaient leurs chèvres dans les montagnes.

Les Dalmates sont fiers et guerriers : Tibère et Germanicus allèrent plusieurs fois les combattre; mais ils résistèrent long-temps, préférant la mort à la soumission.

Au moment où le soleil commençait à disparaître sous les flots, les vieux et jeunes marins livraient leurs têtes nues aux derniers rayons de l'astre vivifiant, et priaient Dieu à haute voix.

Des embarcations de Raguse sillonnaient, de temps à autre, le moite élément; mais ces barques ne sont pas d'une grande dimension; alors je me félicitais que nous n'eussions pas pris à Bari un navire pour Raguse; Mme Mercier eût été fort mal dans de semblables bâtiments. Un vaisseau français, orné de ses glorieux étendards, nous apparaît sortant de Trieste : quelle satisfaction et quels battements de cœur, d'apercevoir des compatriotes loin de sa patrie; le sang de la grande famille circule avec plus de force dans les veines : on est flatté de voir le nom Français vénéré sur toutes les mers et sur tous les territoires : renommée acquise par nos brillants faits d'arme.

Les Dalmates comme les Albanais ont pour chaussure des peaux attachées avec des liens ; de cette manière, ils sont plus alertes à franchir les montagnes et les routes raboteuses : la langue est fort différente de l'italienne, ayant beaucoup de rapport avec les Turcs leurs voisins ; il se contracte souvent des alliances entre eux.

On peut dire que l'argent me venait en dormant : une certaine nuit, en me retournant, je sentais quelque chose de dur sous mon oreiller ; je ne cherchai pas immédiatement à en pénétrer le mystère, et je pouvais me couvrir l'occipital ou les temporaux de larges bosses ; je connus le nœud gordien, dès le lendemain, car avant de faire une descente sur le continent, le capitaine souleva le traversin de ma couchette et, en notre présence, sans précaution, il dénoua un gros sac contenant environ cinq mille francs en piastres. Nous eussions préféré que ce trésor eût été plus à l'abri ; le moindre mousse pouvant faire main basse sur cette proie ; mais les officiers avaient l'expérience que la plus grande probité régnait parmi l'équipage et qu'aucun ne pouvait se rendre coupable de larcin.

Plus on avance vers Zara, et plus ces parages sont semés d'îles et d'écueils ; les marins ont besoin, pour y naviguer, de la science que donne l'expérience et l'étude.

Sur toutes ces côtes de l'Adriatique, malheur aux navires étrangers que la tempête pousse sur ces rivages ; car il serait dangereux d'avoir trop de confiance en la bonne foi des riverains. Ils ont le visage bronzé, l'air farouche et sauvage ; ils portent de longues moustaches, leurs cheveux tombent en arrière sur leurs épaules, leurs manteaux et hauts-de-chausses sont bordés en rouge sur toutes les coutures.

Cette ville que nous apercevons sur la côte voisine est Zara-Vecchia : puis, à deux lieues plus loin, en approchant de l'Istrie, c'est Zara-Nuova, capitale de la Dalmatie, qui par derrière est préservée des vents du Nord par les Alpes Malachia, en tous temps couvertes de neige, ce qui offre une perspective fort curieuse sur ces mers, quand le soleil éclaire les neiges de sa lumière radieuse. Un battement de tambour nous fait remarquer une revue autrichienne, aux portes de Zara-Nuova ; les terres sont bien cultivées et l'olivier prospère dans ces lieux. Zara-Nuova, renommée par la liqueur marasquin, n'a qu'une population de dix mille âmes ; les maisons sont bien bâties et couvertes en tuiles ; elle est protégée par une tour quarrée remarquable et de grandes dimensions. A Zara, les femmes ont sur la tête une espèce de turban blanc garni de dentelle, une longue robe et une ceinture avec perles, elles portent, comme les hommes, des sandales antiques. En face de Zara, de l'autre côté du canal, sur l'île montueuse opposée, est une forteresse du fameux Barberousse.

Du temps de Charles-Quint, les Espagnols ayant été défaits devant Alger, dans la douleur et la consternation, ils ne prononçaient qu'en tremblant le nom de ce héros de l'Islamisme, et changèrent son nom de Kair-Ed-Din en celui de Barberousse. Ce conquérant se dirigea souvent sur les côtes d'Italie appelées la Pouille, et livra de rudes combats aux Chrétiens. Le terrible Barberousse naquit dans l'île de Midilli, ou Lesbos ; il était fils de Jacoub Reis, honnête musulman qui faisait un petit commerce maritime dans l'Archipel, avec un navire qu'il commandait. Ses enfants apprirent sous lui l'art de la navigation. Par la force de son génie, Barberousse se rendit immortel. Il s'empara d'Alger, s'en fit nommer le premier Dey, après avoir étouffé le Cheik Selim, retenu dans le bain. Ce Roi d'Alger et de Tunis, chef de tous les corsaires, seigneur des mers, mourut d'une dyssenterie violente, à l'âge de quatre-vingts ans. Barberousse descendit à Fondi, pour s'emparer de l'épouse de Vespasio Coloreno; la jeune Gulia Gonzaga, si célèbre par ses grâces, et dont tous les poètes ont chanté la beauté, était une prise bien faite pour briller dans le harem de Souleyman. La descente des corsaires fut conduite avec tant de mystère, que Gulia ne put échapper qu'en s'élançant sur un cheval qui l'emporta couverte seulement d'une chemise. Fernand Cortès, Spinola et Pallavicini se liguèrent souvent contre cet infidèle qui persécutait sans cesse les Chrétiens, et les appelait des idolâtres et les maudits de Dieu.

Un petit chien, mutilé des oreilles et de la queue, malgré ses disgrâces, ne manquait pas de gentillesse; c'était la propriété de l'équipage; ils lui avaient appris mille drôleries fort amusantes; quand nous l'appelions en italien, il venait à nous chercher les débris de notre table; mais si nous lui parlions français, il ne nous comprenait pas, et n'approchait pas de nous.

Le Poulpe colossal, fameux Molusque, n'étendait point sur nos mâts ses six bras démesurés pour nous entraîner avec lui au fond des abimes, comme cela est arrivé à plusieurs marins, ainsi que le constate un ex-voto déposé dans la chapelle de Saint-Thomas, à Saint-Malo, en Bretagne, par l'équipage d'un négrier qui, près la côte d'Angole, fût attaqué par un de ces monstres marins dont les bras avaient cinquante pieds de longueur ; déjà, par la pesanteur de son corps, il faisait donner la bande au navire. Les marins durent leur salut à la vigueur de leurs bras et à la bonté de leurs haches, qui tranchèrent les membres énormes de ce poulpe.

Ce fait n'est point une invention de Pline le crédule, amateur du merveilleux ; mais c'est la narration fidèle de grand nombre de marins qui ont vu de ces poulpes : rien de semblable ne nous étant arrivé, nous ne pouvons en constater la véracité. Nous suspendons donc tout jugement, quoique nous en ayons vu d'une dimension ordinaire, et qu'on nous a dit redoutables à ceux qui nagent dans les mers, pouvant être enlacés par les bras tortueux de ce poisson.

Contrariés par le vent, nous sommes venus coucher au port de Zara : cela ne nous empêcha pas de passer le temps gaîment avec nos capitaines, dont l'usage est de siffler les matelots pour les appeler.

Le lendemain, nous sommes obligés de louvoyer, ce qui n'est pas expéditif. Dans le canal, nous avons toujours le spectacle des Alpes couvertes de neige : faisant peu de chemin, nous mouillâmes dans le port d'Ouliani : nous descendîmes à terre, avec treize hommes dans notre petit canot, et nous pénétrâmes ainsi dans le pays de l'Illyrie. Les oiseaux Cabbian rasaient en grand nombre le miroir de la mer, et l'équipage, resté à bord, mangeait avec avidité le petit poisson huileux le Calamare ; pendant ce temps, à Ouliani, nous explorions le pays stérile de l'Illyrie : quelques oliviers chétifs, des fèves, des grains de petite apparence, une population peu considérable, pauvre, mais en général honnête, des porcs, des moutons qui se ressentent de la maigreur de ces contrées ; voilà le portrait, qui n'est point exagéré, de ces tristes lieux. Les hommes, à figure austère, ne laissent jamais apparaître la gaîté ; ils sont habillés à la grecque. L'intérieur de leurs maisons est très-pauvre ; les murs sont tapissés de poissons salés ; des peaux de chèvres leur servent de lits et de couvertures ; ils ont des armes, des fusils, et leurs ustensiles de ménage ont de la ressemblance avec ceux des contadins de nos pays.

Sur les collines sauvages de l'Illyrie qui bordent la mer, on voit quelques arbres rabougris ; sur les montagnes, de grands rochers blancs, et leurs interstices sont pleins de terre rouge. On aperçoit encore cette belle mer, dont les ondes ont porté tous les Césars, mer si fertile en grands événements.

Nous avons visité une petite fabrique d'huile à l'instar de celle de M. Ravenas. Après avoir parcouru des hameaux, à peu de distance, et avoir promené, avec précaution, dans ce pays qui nous était inconnu, au milieu des indigènes, pour qui nous étions un objet de curiosité autant qu'ils l'étaient pour nous, Mme Mercier et moi, nous rejoignîmes le capitaine, qui avait fait ses emplètes de bois et de poisson. Nous retournâmes à bord, le cœur serré de tristesse, par le calme qui nous retient immobiles sur les eaux, n'osant débarquer avec Madame pour regagner, à travers les montagnes, la grande route de Zara à Trieste ; mille difficultés s'élevaient pour y arriver : il est vrai que Napoléon, maître de ces territoires, avait purgé ces lieux des brigands qui les infestaient, mais, cependant, il y a des risques à se hasarder presque seuls. Malgré ce contre-temps, nous étions satisfaits de ces excursions que nous n'aurions pu faire sur un bateau à vapeur ; d'ailleurs, nous jouissions d'une parfaite santé. Nos excellents capitaines redoublaient de bontés pour nous.

Nous eûmes, après le crépuscule du soir, le coup-d'œil d'une illumination spontanée, sur le bord de la mer; la côte était couverte de feux par les habitants qui se consacrent à la pêche; une multitude de barques promenaient des torches brillantes destinées à attirer les poissons, et dont la lueur se prolongeait en lignes rougeâtres semblables à celles produites par le soleil.

Je ne sais si la vie est un avantage sur ces plages; ces misérables n'ont aucune ressource, pas même de médecins; ils n'ont seulement qu'une piccola chiesa, aux pieds des Alpes. Quoique les brigands de l'Allemagne et d'autres contrées viennent ordinairement se réfugier dans ces montagnes, il se commet peu de crimes; ils sont promptement réprimés par le gouvernement de Zara, qui envoie immédiatement des forces pour les réduire.

Dans la province de Bari, les cercles de tonnes à huile sont liés avec de la ficelle, en Dalmatie, ils le sont comme chez nous par de l'osier.

Nous continuons la navigation, et, chemin faisant, nous saluons Piccola Citta di Venezza, peuplée de cinq mille habitants. Après Venezza-

Nuova, on aperçoit encore les Alpes; quand le soleil, à son coucher, les darde de ses feux adoucis, on croit voir sur la terre des nuages brillants de couleurs et de toutes les nuances. Nous nous accoutumons à la mer, au biscuit, aux chants nocturnes et mélodieux de nos marins de quart, chants si philarmoniques dans leurs bouches napolitaines.

Un soir, la lune qui montait dans l'espace, au milieu d'un fluide d'or, produisait un effet magnifique; on eût dit un globe de feu qui se promenait sur la cîme des Alpes; nous éprouvions des sensations délicieuses, et nous écoutions encore avec plaisir, au milieu du calme profond qui régnait par intervalle, les chants suaves des marins; il y en avait un qui se distinguait, mais c'était probablement son dernier accent de gaîté; car, en arrivant à Trieste, il mourut dans un hôpital, et laissa une veuve de trois mois de mariage, et notre vieux pilote, son père, qui avait eu une captivité de trois ans, avec tous les mauvais traitements que les Algériens faisaient essuyer à leurs prisonniers : le malheur poursuivait ce vénérable vieillard.

Après un pareil noviciat, nous ferions volontiers le tour du monde avec Cook et Forster; les cartes géographiques nous ont paru peu satisfaisantes, incomplètes et défectueuses.

En nous embarquant, le capitaine nous avait dit : Vous trouverez la sécurité et la liberté sur mon navire ; tout cela s'est réalisé ; nous menions avec nos capitaines la vie de famille.

Avant d'arriver à Trieste, nous voyons de très-belles salines, puis la ville de Capo d'Istria ; enfin, après dix jours de navigation, nous entrons à Trieste, sur les neuf heures du soir, guidés par un beau phare à feux tournants, mais nous nous livrons à de nouvelles impatiences ; nous touchons à une ville magnifique, nous sommes dans un port immense, au milieu d'une forêt de mâts, sans pouvoir débarquer. Trieste nous apparaissait par une nuit superbe ; les vagues, faiblement agitées, scintillaient de mille feux ; nous aperçûmes plusieurs files de grands édifices blanchâtres, d'une architecture grandiose et pleine de féerie, qui se réflétaient dans les ondes. Il faut attendre au lendemain la visite de la santé : on commence à remarquer que les lazarets ne sont faits que pour les malades, et ne doivent pas emprisonner ceux qui se portent bien, car ces incarcérations n'empêchent pas le choléra et les maladies épidémiques, non contagieuses, de faire invasion, de franchir les obstacles et les cordons; malgré la sévérité de la thérapeutique; aussi se relâche-t-on; je suis persuadé que le régime et les précautions hygiéniques, mieux que le lazaret, sont une barrière aux propagations morbides. Alors, pour passer le temps, nous nous instruisons des monnaies allemandes, et nous apprenons qu'un vingt francs de France vaut sept florins, cinquante-six creiss, grains de Naples ou sous de France; le florin valant cinquante-six creiss, ou cinquante-six sous; ainsi, nous n'avions plus à nous occuper des carlins de Naples, qui valent dix grains, ou dix sous, ni de cette jolie petite monnaie, le callo, ressemblant à des pièces d'or, dont il en faut douze pour faire un grain ou un sou de France. A Naples, un vingt francs vaut vingt-trois francs dix sous quarante-sept carlins et quelques grains.

CHAPITRE XII.

De Trieste à Vénise.

Notre nuit fut peu consacrée au Dieu du sommeil ; j'étais heureux de ramener au port Mme Mercier, sans accident, avec une seule tempête, et encore en si peu de temps ; le voyage aurait pu se prolonger bien davantage : nous attendons avec avidité le moment de mettre pied à terre. Enfin, sur les huit heures du matin, vient un Esculape, avec la toge hypocratique, remplir les formalités sanitaires ; il nous trouve exempts du principe cholérique, du typhus, de la peste, et dignes du débarquement. Alors, après avoir passé en revue notre équipage, nous nous rendons, avec M. le Docteur et nos capitaines, à une seconde inspection de la santé ; puis, pour consommation de vérification, à la police. Après tous ces apurements et déclarations que nous n'avions même pas le mal de mer, nous voila libres dans Trieste.

Nous sommes émerveillés de sa magnificence, de sa splendeur, de la richesse de ses édifices, de ses belles et longues rues si bien pavées, de ses magasins innombrables, moins légers et moins grâcieux que ceux de Paris. Il est rare aussi de voir une plus belle population dans les deux sexes. Dans toute l'Italie, nous n'avons point rencontré de physionomies aussi piquantes, et qui méritassent mieux la réputation de beautés parfaites.

Le port de Trieste est vaste et bien disposé; mais il est quelquefois exposé aux coups de vents du Siroco ou du Midi, quand il souffle avec violence. Tout ce qui vient par la mer peut entrer dans la ville sans payer aucun droit, ce qui excite les peuples de tous les pays à y expédier leurs navires, pour y mettre leurs marchandises en entrepôt; il n'en est pas de même des douanes de terre et de tout ce qui arrive de la Dalmatie, de l'Istrie, de la Carniole et du Frioul; les droits sont alors excessifs. Aussi, voit-on, dans le port, une abondance de navires marchands et royaux de toutes les nations. Sans doute des mesures politiques et d'industrie empêchent le gouvernement français d'imiter les peuples de la Méditerranée et de l'Adriatique. En établissant nos ports francs, avec liberté d'entrepôt, pour s'opposer à la centralisation, je ne vois pas ce que nos produits industriels y perdraient, nous qui l'emportons déjà sur tant de choses, par nos porcelaines de Sèvre, nos riches tapis des Gobelins et de la Savonnerie, nos soieries de Lyon; nous serions encore excités à l'émulation de mieux faire, de livrer aux masses du meilleur marché et des qualités supérieures; en outre, nous attirerions beaucoup d'étrangers sur les villes voisines de l'Océan et de la Manche ; nous provoquerions par là l'abondance, la concurrence et de plus nombreux rapports sociaux.

Des paquebots à vapeur, pour Londres, pour Venise, pour Constantinople et Smyrne, répandent encore des trésors dans la cité de Trieste. Trieste a grandi tout d'un coup, et s'élève à pas de géant; ville d'abord de peu d'importance, sa belle population se monte maintenant à plus de cent mille âmes, sans compter au moins cinquante mille étrangers de tous les pays. Aussi, la ville ressemble-t-elle sans cesse à ce fameux carnaval de Venise; on y voit continuellement les étrangers, plus nombreux qu'à Marseille, circuler dans les rues avec leurs costumes respectifs : ce qui excite à peine les regards des Triestois, qui y sont accoutumés.

Les rues, les quais, les canaux sont bordés de maisons superbes; dans ces larges strada, circule sans cesse une foule immense. Rien n'est plus bizarre que cette multiplicité de costumes; c'est la vie qui passe avec mille variétés. Là, c'est le marin grec, avec son visage cuivré, son regard de pirate et son large pantalon; des matelots anglais, aux cheveux blonds; le marinier de l'Adriatique légèrement vêtu, une ceinture bleue et un bonnet rouge couvre ses longs cheveux; plus loin, quelques rares Français fredonnant la chanson; le Turc marchant gravement; l'Albanais, à la fière moustache, ne sont point escortés des flots d'une populace ignorante qui les investit, les insulte et les couvre de huées, comme on ne le voit que trop dans certains ports.

Un édifice se fait particulièrement remarquer sur le quai, par sa splendeur, nous y entrons; tout le pavé est jonché de fleurs, symbole d'une solennité de la veille : des milliers de feuilles de lauriers et de roses ressemblaient à des tapis de Turquie, déroulés sous la coupole azurée. Nous étions, sans y penser, dans une église grecque. Il est difficile de voir plus de richesses étalées que dans ce temple : il y a trois autels d'une grande magnificence ; celui du milieu est sans voiles, avec ses dorures ; les deux autres, dérobés aux regards, ne sont apparents qu'au moment des cérémonies ; les Croyants, en entrant, vont, faisant mille signes de croix, embrasser le beau cadre de la Résurrection, placé au centre de l'édifice : tous sont nu-têtes ; les femmes ôtent leurs coiffures, même les vieilles. Le chant s'y fait avec beaucoup de monotonie. Le grand prêtre parcourt ensuite le temple, en encensant les assistants ; quand il s'approcha de nous, il s'aperçut, à notre gaîté, que nous étions des profanes, qu'il ne pourrait exercer de prosélytisme sur nos intelligences.

Il n'y a pas de pays où il y ait plus de liberté de croyance qu'en Allemagne : c'est un des peuples les plus heureux que nous ayons vus ; on a liberté de tout faire, seulement on n'a pas permission de s'occuper le moins du monde de politique ; là-dessus le gouvernement est inexorable, il encombrerait plutôt les cachots et les prisons.

Parmi les beaux édifices, on peut citer l'Eglise Catholique neuve, le Palais de la Bourse, les deux Théâtres, de très-belles Fontaines, ainsi que la villa de Mme Murat. A notre arrivée, nous trouvâmes une certaine tristesse dans la cité, l'entrepôt venait de brûler avec plusieurs millions de marchandises : on en attribua la cause à un cigarre mal éteint, et on n'aperçut le feu qu'au bout de trois jours, il s'en est suivi pour plus d'un million de florins de banqueroutes.

Nous sommes allés célébrer, avec les Triestois, le premier mai, à Bosqueto, une des plus délicieuses promenades de la ville : Bosqueto et Giovano étaient parées de brillantes illuminations ; des lumières dans de nombreux ballons de toutes les couleurs et de toutes les nuances ; des orchestres et une musique ravissante, des danses, des chants suaves, des glaces, des rafraîchissements, des femmes d'une beauté qu'on peut comparer aux grâces et à des divinités ; cette fête est magique, saisit par tous les sens, et procure d'indicibles sensations.

Nous parcourions des bosquets enchantés ; depuis long-temps, la nuit nous avait surpris ; nous écoutions les accents expressifs de mélodie parfaitement en accord avec la féerie du lieu ; nous nous trouvions emprisonnés là par le plaisir ; la température, dont nous jouissions, était embaumée de l'arôme des fleurs.

Bosqueto est ornée d'allées d'arbres parallèles, de fontaines avec gobelets enchaînés, pour désaltérer les passants. Cette promenade se termine par des cafés dans le meilleur goût, et des tables de marbre pour prendre les glaces.

Il est rare de voir une ville où l'on étale plus de luxe et de richesses qu'à Trieste; la fête de Bosqueto dure jusqu'à minuit. Quoiqu'ils n'excellent pas dans la moralité, il y a, cependant, une certaine retenue; mais sous l'ombre grâcieuse du soir, ces promenades sont assignées pour rendez-vous, et, dans l'obscurité, c'est un murmure de doux secrets.

Les contadines sont parées de blancs et des plus beaux cheveux blonds et châtains, avec de longues tresses pendantes, qu'elles portent sur la tête, et qu'elles relèvent après avec un art et une étude qui doivent être dispendieux.

Les faquins de Trieste sont extrêmement probes. On peut, sans risques et sans jamais les accompagner, leur confier des trésors; jamais ils ne commettent de larcins et d'infidélités.

Le pain, la viande, le beurre et le lait sont fort bons.

La race équestre, originaire de Hongrie, est très-belle et très-bonne. Les chevaux, domptés par l'usage du transport des marchandises, sont superbement attelés, le dimanche, à la voiture ; ils ont double emploi, l'utilité et le luxe. Les campagnes sont embellies de nombreuses maisons de plaisance ; les terres du voisinage, même dans la Carniole et le Frioul, sont généralement stériles. La musique est si bien cultivée, que tous les habitants se livrent avec succès à la philharmonie ; les choristes sont excellents et dignes de leur antique réputation ; ils mettent dans leurs chants beaucoup de chaleur et d'ensemble. Les oiseaux sont aussi musiciens, entendant chanter les Eucharis et les Calypso ; ils excellent dans la mélodie.

Pour aller de Trieste à Vénise, par terre, il faut parcourir le Frioul, ce qui demande plus de trois jours, en voiturin ; tandis que vingt-quatre heures suffisent, par la poste ; mais sans pouvoir transporter de malles : alors les frais de voyage s'élèvent à cent vingt francs par personne : par mer, on fait le trajet, à moitié moins, sur le bateau à vapeur : on part le soir, et on arrive le lendemain matin à Vénise ; le départ de Trieste est le mercredi et le samedi ; l'espace à parcourir sur la mer est d'environ trente lieues : le passeport ne se délivre qu'au moment de partir.

N'étant qu'à quarante lieues de Vienne, nous avions envie de nous y transporter ; mais des négociants de Trieste nous ont engagés à ne le pas faire, disant que la capitale de l'empire n'a rien de remarquable; que l'impératrice même préfère le séjour de Trieste.

Le peuple est très-laborieux. Nous avons visité l'entrepôt des marchandises qui partent pour l'Allemagne et la Dalmatie, puis son vaste chantier de construction, dans lequel se trouvaient quatre immenses bateaux à vapeur de cent soixante-dix pieds de quille, destinés aux voyages de l'Adriatique, et à observer notre station d'Ancône, pour s'opposer à nos marches progressives en Italie.

La maison de M. Levasseur, notre consul français, est située à l'extrémité de la ville, près l'entrepôt incendié, et à peu de distance de ce joli Long-Champ planté en jeunes arbres le long de la mer. C'est là que se promènent surtout une grande quantité d'Anglais et d'Anglaises, avec leurs équipages et leurs voitures, qui vont porter, jusqu'à Trieste le luxe et l'industrie d'outre-mer ; pour y bénéficier et y jouir d'un beau climat. On parle allemand, italien, un peu français. Le trafic de la librairie est très-peu de chose dans une ville de commerce où les relations avec les Muses ne sont pas appréciées. Partout, chez les modistes et les tailleurs, resplendit le *Journal des Modes* de Paris, pour donner l'impulsion à l'élégance et au bon goût. Chez les nations, notre renommée artistique et des grâces est solidement appuyée, et personne ne pense à rivaliser avec nos merveilleuses et nos fashionables : on ne cherche en cela qu'à nous copier. On voit des étalagistes offrir au commerce des tableaux de Versailles et de Paris. Le fromage Parmesan s'y vend dans toute sa bonté.

Nous étions logés à l'hôtel du Bon Pasteur, contrada San-Nicolo, et nous prenions nos repas à la locanda della Bella Venezziana. Souvent, un ou deux bœufs sont attelés à une charrette, trottent et galoppent avec la même prestesse que des chevaux. Les bastides ne sont pas comme à Marseille, dans des vallons ; elles sont répandues avec agrément sur les montagnes qui entourent la ville ; il y a un pont en fer sur le canal.

Notre ancien capitaine, avec cette fleur de délicatesse, de désintéressement et de nobles sentiments qui dévoilent la meilleure éducation, fit tout ce qu'il put pour nous rendre le séjour de Trieste agréable ; il nous donna une fête le jour de notre départ, et l'équipage nous accompagna, chargé de nos malles et de nos bagages, jusqu'au bateau à vapeur. Les adieux furent touchants; nous nous séparâmes avec peine de ces braves gens, que nous ne reverrons peut-être jamais, emportant avec nous le souvenir de leurs bons procédés. Nous avions fait plusieurs tentatives, et nous avons eu beaucoup de difficultés à faire accepter au capitaine le prix de notre voyage.

A peine étions-nous embarqués, que la mer devint mauvaise; elle nous fit souvent apercevoir sa phosphorescence : la quantité de voyageurs échauffant trop l'intérieur du bateau, nous nous décidâmes à monter sur le pont; nous devenions lumineux, couverts par l'eau scintillante de la mer; cette clarté durait quelques minutes et recommençait très-souvent; le vent, soufflant avec furie, nous envoyait de l'eau brillante qui pénétrait nos vêtements et nous transformait en aurore boréale, sans éprouver aucune sensation.

Ce terrible ouragan qui nous balançait aussi rudement que le chevalier Sancho Pansa dans la cour de l'hôtellerie, agité vigoureusement par des athlètes qui lui faisaient faire entre deux draps, des évolutions et des voltiges multipliées dans les airs; cet ouragan, dis-je, était encore un puissant ventilateur à l'aide duquel les exhalaisons nuisibles se divisent et sont emportées au loin : par cette agitation continuelle des ondes, on n'a point à craindre la stagnation et le croupissement ; tandis que l'air épuré des mers se répand sur la surface de la terre ; les plantes qui végètent n'étant point en état d'absorber entièrement les principes délétères.

La foudre même, si souvent accompagnée de tempêtes, a son utilité : le fluide électrique, accumulé dans les nuages, tend à rétablir l'équilibre ; tantôt, il s'élance de nuage en nuage, jusqu'à ce que l'excès de sa surabondance se soit également réparti dans l'atmosphère ; tantôt il foudroie la terre ; il renverse ou dévore tout ce qu'il rencontre sur son passage, et, par ce moyen, il répand de tous côtés ce feu producteur qui rend la végétation plus vigoureuse.

Les volcans mêmes, qui nous ont paru si formidables, nous mettent à l'abri des accidents terribles auxquels nous serions exposés, si les matières embrasées que la terre récèle dans son sein ne pouvaient se faire jour et s'échapper des fourneaux dans lesquels elles bouillonnent : ces éruptions renversent les lieux qui en sont le théâtre, mais elles s'opposent au bouleversement général du globe.

Malgré le roulis, le tangage et le mouvement rapide de notre escarpolette sur la mer, nous faisions par fois de la philosophie, tout en pouvant habiter le corps d'une baleine ou devenir la proie des requins.

De grands nuages noirs pesaient sur nos têtes, et laissaient échapper sans relâche d'ardents éclairs et des masses de feux : au tonnerre succéda un déluge d'eau. On entendait le bruissement de la vague refoulée par les roues de la machine qui faisaient jaillir dans leurs mouvements des milliers de perles brillantes.

Un grand nombre de voyageurs, peu habitués à la mer, furent très-incommodés pendant la traversée ; les uns vomissaient, les autres étaient pâles comme la mort. Celui qui se porte bien s'amuse de tout cela, et Delille ne dit-il pas que

L'homme se plaît à voir les maux qu'il ne sent pas.

La mer était si agitée, que notre vaisseau éprouvait de violentes secousses par le roulis et le tangage ; les masses d'eau qui venaient se briser contre la frêle charpente, menaçaient de l'entr'ouvrir à chaque instant. En général, sur les bateaux à vapeur, on est plus fatigué que sur les voiliers : aux émotions des flots qui se font sentir davantage sur une embarcation peu chargée, se joint le bruissement des palettes, l'odeur des graisses et du charbon; il est vrai qu'on n'éprouve pas de vents contraires, ainsi que sur les autres navires, et qu'on peut préciser pour ainsi dire le moment de l'arrivée. Malgré cinq ou six heures de retard, que la tempête nous occasionne, nous commençons déjà à apercevoir Vénise, qui s'élève majestueusement du sein des flots, comme le palais de Neptune : le tableau se déroule peu à peu d'une manière imposante, et l'on reconnaît cette ancienne reine des mers, qui avait assujéti tant de Rois.

Nous ne saurions exprimer le charme qu'il y avait dans le son de ces cloches qui, d'une distance de dix ou douze milles, arrivait plein de douceur comme une harmonie lointaine, avec les fraîches brises marines, aux lueurs du crépuscule.

CHAPITRE XIII.

De Vénise à Milan.

Vénise doit sa création aux peuples qui fuyaient devant Attila. Bâtie sur pilotis, au milieu de lagunes ou bancs de sable, entourée d'eau, c'est une divinité qui s'élève du sein des mers; les rues sont pour ainsi dire autant de canaux qui se communiquent et que lient quatre cent cinquante ponts tout en pierres; le plus beau est celui de Rialto, sur le canal Maggiore, de manière que quatre mille gondoles ou barques vénitiennes y circulent nuit et jour, pouvant facilement passer sous ces ponts dont les arches élevées fatiguent le flaneur inaccoutumé : les rues étroites font que les maisons se touchent presqu'au sommet et rendent Vénise un labyrinthe pour l'étranger; afin de se reconnaître, il faut nécessairement un guide, ou l'on s'égarerait.

Au milieu de ces mille sinuosités, il est impossible de s'orienter; on s'y coudoie, et on s'y perd, si l'on n'a pas le fil de ces difficultés. Vue de la mer, cette ville a une physionomie étrange et mystérieuse.

Dans plusieurs endroits, les étrangers parlent, avec beaucoup de facilité, plusieurs langues à la fois, et semblent nous surpasser en cela.

Sitôt notre arrivée, nous sommes entourés de gondoles; nous en montons une qui nous conduit immédiatement à la santé, subir encore une revue, de là, à la police, enfin à l'hôtel de l'Europe, où l'on est fort bien; les domestiques y parlent français. Nous prenons un garçon de place et, sitôt remis des fatigues de la mer, nous fûmes admirer la place Saint-Marc, une des plus belles que nous ayons vues, entourée d'admirables palais bysantins ayant quelques rapports avec le gothique. Les palais de l'Empereur et du Gouvernement s'y font surtout remarquer par leur magnificence; le grand Clocher, qui a résisté aux siècles, quoique bâti sur pilotis, étonne encore par sa hauteur. Trois larges drapeaux de l'empire flottent dans les airs, comme des oriflammes attenant à de longs mâts.

L'Horloge est auprès, ornée d'une Vierge : aussitôt que l'heure sonne, des portes dorées s'ouvrent, une Renommée s'avance suivie des trois Mages qui saluent la Vierge et entrent par une autre porte.

Le Lion ailé est posé sur une colonne qui lui sert de piédestal et a été apportée d'Athènes.

Le Palais des Doges se fait apercevoir à ses hautes portes imposantes : pour y monter, on traverse un escalier tout en marbre, embelli par les statues colossales d'Adam et d'Eve. L'Inquisition, qui n'avait pas oublié Vénise, avait une salle dans ce palais, et à la porte, un lion à gueule ouverte dans laquelle les citoyens formaient des plaintes et des dénonciations pour provoquer l'arrestation ; puis se trouve la salle des conseils, avec un tableau de soixante-douze pieds de long, par le Tintoret, représentant le Paradis ; la salle de réception, la salle où se tenaient les Doges, avec les belles peintures des plus grands maîtres ; enfin, une riche bibliothèque.

Le Pont des Soupirs, fondé par le despotisme et nommé par la douleur, conduit du Palais des Doges aux Prisons. Nous descendons dans les cachots où, à l'expiration de la république vénitienne, on trouva un individu qui y gémissait depuis quatorze ans ; il nous a été pénible de faire l'inspection de l'instrument qu'a copié le médecin Guillotin, qui n'a pas le mérite de cette funeste invention. Nous avons vu aussi le lieu où l'on étranglait les victimes, encore maculé de leur sang, parce qu'elles faisaient résistance, et qu'on abrégeait leur vie par le poignard. Notre guide nous fit remarquer les ouvertures par lesquelles le sang coulait dans le canal, ainsi que la porte par où sortait le cadavre confié aux voiles impénétrables de la gondole, afin de l'ensevelir dans le lac Orfano ; aussi était-il défendu aux pêcheurs de jeter leurs filets dans cet endroit, dans la crainte que ces ondes tranquilles n'eussent trahi d'odieux secrets. Il y a trois étages de rangs de cachots ; deux belles citernes en bronze dont l'eau est douce : le palais entier est entouré de colonnes et de statues au style oriental.

A Vénise, il y a quatre-vingt-cinq églises toutes admirables, et présentement une population qui n'est plus que de cent mille âmes.

Nous avons franchi un grand nombre de ponts, en passant la mer, pour arriver à la charmante promenade œuvre de Napoléon, faite sur les débris de couvents renversés. Partout, dans le pays, on voit encore la trace vivante du séjour des Français. Les rues étant très-étroites, les appartements sont obscurs, et il est facile de se donner la main en signe d'amitié, d'une maison à l'autre; les maisons ont quatre étages, la tuile pour couverture; l'échange de l'argent avec les objets de consommation journalière, se fait à l'aide d'un panier et d'une corde : ainsi, toute une famille entière peut vivre largement, sans que personne, pas même les domestiques, aient besoin de sortir de la maison.

Les hommes ont une belle taille; les femmes n'ont pas une beauté aussi distinguée qu'à Trieste; elles ont plus de piété qu'à Rome; dans les églises, elles se tiennent mieux et conservent bien les dehors de la décence. Ordinairement, les citadines portent un voile de tulle noir dont une des pointes tombe sur le front, enveloppe le buste et ne laisse à découvert que la figure; pour se parer, elles prennent un schal de mousseline blanche; leurs yeux sont d'une beauté remarquable.

Nous avons bien fait de ne pas différer notre voyage : notre première nuit, à Vénise, a été affreuse, accompagnée d'orage et de pluie : les vitres de notre chambre ont été brisées par la tourmente, et notre malle s'étant trouvée ouverte, plusieurs de nos vêtements ont été endommagés.

Le flux et le reflux, ou l'intumescence et la détumescence, ne sont pas sensibles dans la Méditerranée et l'Adriatique, en raison des espaces étroits, de l'exiguïté de ces mers et de leurs bassins; ici, que l'Adriatique a plus d'extension et subit un plus grand épanouissement, l'influence lunaire, qui soumet l'immensité des mers à ses phases, reprend son empire, et rend très-perceptible la marée. Peut-on douter que la lune n'en soit le vrai mobile, quand la mer, au moment des quartiers lunaires, fait si subitement mouvoir ses flots pour rompre l'équilibre de l'air, et provoquer ainsi les vents, les tempêtes, les orages; quand surtout les volcans viennent exciter des dilations et provoquent l'action du fluide électrique.

Le lendemain, le temps étant redevenu beau, nous nous livrons à la promenade; à Vénise, les chevaux et les équipages sont inconnus et frappés de nullité : ce serait une merveille pour beaucoup d'habitants qui n'en ont jamais vu; ils croiraient, ainsi que les peuples de Montézuma, voir Mars, Vulcain et des divinités hostiles.

Nous allâmes visiter le Palais Manfrili, qui contient de riches collections de peintures des premiers maîtres, des plus célèbres coloristes, du Titien, du Tintoret, du Veronèse. L'Arche de Noé s'y présente d'une manière fort curieuse. Raphaël seul a étendu le domaine de la peinture jusqu'au monde spirituel ; la pierre de son sépulcre nous a refermé le chemin de l'infini, que ce noble et pur génie nous avait ouvert. L'Adonis et la Vénus du Titien sont surprenants. On ne peut quitter ce tableau sans se sentir pénétré d'une volupté plus vive que le plaisir des arts ; ce n'est rien de céleste, c'est la terre dans ce qu'elle a de plus séduisant. Salvator Rosa, de Naples, qui a si souvent secouru l'intéressant Léontio ; sa sœur Stellina a enrichi la peinture de tableaux du plus beau coloris. Ces grands peintres furent les créateurs de leur génie. Il y a une salle de danse magnifique ornée d'une très-riche tribune : dans les palais, au lieu de parquets, ce sont des mosaïques nuancées des plus riches couleurs, faites avec du plâtre délayé, à demi-sec, sur lequel on pose des fragments de marbre de diverses couleurs, arrangés avec symétrie, de manière à représenter des êtres animés, des paysages, des batailles ; puis, avec une demoiselle svelte et légère, on bat solidement pour bien fixer ces fractions de marbre dans le plâtre : on donne ensuite un brillant poli avec la pierre ponce à ces couleurs marbrées, enfin on coule de l'huile chaude sur ces compositions qui remplacent si richement et avec tant de luxe les parquets.

Les Vénitiens et les Italiens sont amateurs de tabac qu'ils aromatisent et qu'ils fument, tantôt dans une pipe élégante, tantôt sous la forme du modeste cigaro.

Nous avons été visiter plusieurs églises ; entr'autres Saint-Paul, Saint-Salvator, Notre-Dame-des-Frères, où sont les tombeaux de Canova, du Titien, d'Ucella, qui a surpassé Zeuxis et Apelles, et de la famille de Piscoï. Le fameux Canova était né dans le village de Possagno, aux pieds des Alpes ; son père était un tailleur de pierres ; Canova ne rougissait point de sa naissance, comme Jean-Baptiste Rousseau, fils d'un cordonnier ; il savait que le plus grand mérite d'un homme était de ne devoir son avenir qu'à lui seul, plutôt qu'à une longue généalogie d'aïeux. Le jeune manœuvre Canova, formé aux rudes travaux, ne savait pas qu'en coupant un quartier de marbre, il ferait sortir de sa main les Dieux de l'Olympe, qui procureraient l'immortalité à son ciseau.

Le Palais Carnoco est en face de l'Académie des Beaux-Arts ; celui de l'Académie a une galerie de tableaux magnifiques du Veronèse, du Tintoret ; nous sommes surpassés par la beauté et la vivacité des couleurs : nous sommes en arrière et nous ne pouvons plus que glaner sous le rapport de la peinture, de la sculpture, de l'architecture et des beaux-arts.

Notre-Dame-de-la-Sainteté, en face de notre hôtel de l'Europe, est un petit séminaire; dans l'île voisine, est l'église Saint-Georges-Majeur, d'où l'on découvre au milieu des eaux la plus belle vue de la magique Vénise. Sur le canal Grande, le bruit des cloches de tant d'églises fait un merveilleux effet.

Dans l'église de Saint-Jean et de Saint-Paul, les corps de seize Doges reposent dans des tombeaux magnifiques, et la peau du fameux Antoine Bragodin, qui fut écorché par Mustapha, général de l'armée des Turcs.

Le Grand-Opéra a été la proie d'un incendie, on s'occupe à le réparer; il y a huit théâtres. La mer passe dessous l'édifice de la quarantaine, soutenu par des poteaux.

Plus loin, nous continuons nos investigations avec la fragile gondole disposée intérieurement comme une voiture; au devant de la gondole, est une espèce de scie d'acier qui brille au clair de la lune comme les dents embrasées des dragons de l'Arioste. Nous arrivons chez les Religieux Arméniens, dans l'île de Saint-Lazare : un jeune Frère, avec sa longue et majestueuse barbe, sa figure douce et belle, vient, avec une vanité monacale, nous faire admirer leur belle imprimerie, leur église, leur bibliothèque et leur cabinet de physique.

Les montagnes qui entourent Vénise sont couvertes de neige; en revenant nous allons visiter l'hospice des fous, situé sur l'île Sancervillio. L'église dans l'île de Torquelo, est bâtie sur les débris d'un temple d'Aquilée : la coupole est couverte de mosaïques exécutées grossièrement par des artistes grecs : c'est de là qu'est venu l'art de la mosaïque en Italie.

La nuit, on s'imagine voir, dans le reflet des lumières des gondoles, des colonnes de feu et des cascades d'étincelles qui s'enfoncent à perte de vue dans une grotte de cristal. Les gondoliers portent une veste de nankin ; ils lancent leurs esquifs comme une flèche, avec toute l'aisance d'un enfant de l'Adriatique. Les huîtres se collent dans la mousse, aux pieds des palais. On pêche, en pleine rue, de quoi nourrir la population ; les gondoles coulent entre deux tapis de verdure, où le bruit de l'eau vient s'amortir languissamment avec l'écume du sillage.

A tous les coins de rue, la Madone abrite sa petite tête sous un dais de jasmin, et les traguetti, ombragés de grandes treilles, répandent le long du canal le parfum de la vigne en fleur : ces traguetti sont les places de station pour les gondoles publiques.

Les gondoliers et les faquins se postent devant une Madone ; ils ont un air mystérieux comme s'ils songeaient à commettre un assassinat, mais ils chantent en chœur des airs tirés d'opéras ; tantôt c'est une cavatine de Bellini, un chœur de Rossini, un duo de Mercadanti, les refrains d'une barcarole, les symphonies de Beethowen. La sonorité des canaux fait de Vénise la ville la plus propre à retentir de chansons.

La physionomie du gondolier a un caractère de finesse mielleuse ; ils ont l'esprit subtil et pénétrant ; les gondoliers des particuliers portent des vestes rondes de toile anglaise, imprimée à grands ramages de diverses couleurs. Les dandis, comme ceux de Londres, se donnent le divertissement de conduire une petite barque sur les canaux ; c'est pour eux ce que l'exercice du cheval est pour ceux de Paris : leur costume est gracieux, une veste fond blanc, à dessins de Perse, un pantalon blanc, un ceinturon bleu ; un bonnet de velours noir : nonchalamment couchés dans des gondoles découvertes, ils s'approchent grâcieusement des croisées pour admirer les beautés sensibles qui se mettent aux fenêtres. On trouve des hommes du peuple, à Vénise, qui n'ont jamais été d'un quartier à l'autre.

Un gondolier ne possède souvent qu'un pantalon, sa chemise et sa pipe ; quelquefois un petit chien qui nage à côté de sa gondole avec l'agilité d'un poisson ; il a en outre la Madone de son traguetti tatouée sur la poitrine, avec une aiguille rouge et de la poudre à canon ; il a son patron sur un bras, et sa patronne sur l'autre. Quand une ou deux courses, dans la matinée, ont assuré l'entretien de son estomac et de sa pipe, il s'endort le ventre au soleil.

La fabrique de chaînes d'or mérite sa renommée.

M. Manille, dernier de la famille des Doges, mène une vie privée, et n'attire pas plus les regards que le plus ordinaire citoyen.

Ceux qui aiment à lire les journaux, en trouvent plusieurs au café Florian, place Saint-Marc.

Le gouvernement autrichien grève d'impôts sa conquête ; d'abord l'impôt fixe pour le foncier est de vingt-cinq pour cent sur le revenu, puis, avec les taxes surérogatoires, l'impôt s'élève à cinquante pour cent du revenu : on achète alors la propriété, en conséquence de toutes ses charges, à-peu-près quatre et demie pour cent.

Les rues étant étroites, l'arrivée soudaine des gondoles contribuait à rendre important le carnaval et à lui donner une grande renommée ; mais depuis que le lion de l'Allemagne, avec sa crinière, s'est installé sur ces iles enchantées, la magie du carnaval s'est évanouie ; il est fort peu de chose ; il ne reste plus que son ancienne réputation de fêtes et de plaisirs.

Les édifices sacrés y sont très-beaux ; nous avons été visiter les églises Saint-Moyses, Saint-Fantin et Saint-Zacharie, où est le Tableau de la Sacrée-Famille, par Jean Belineau, et la belle fresque du Paradis, par Rin ; enfin l'église Saint-Martin, et, dans l'île de Saint-Michel, la belle église bâtie des deniers d'une courtisane appelée Marguerite Emiliani, richesses qu'elle avait amassées dans sa jeunesse voluptueuse et qu'elle employa, à la fin de ses jours, à cette œuvre de piété.

Dans l'île Saint-Nicolas, on voit un puits d'eau douce qui croît et décroît, suivant le flux ou le reflux de la mer.

Les Vénitiens ont de beaux meubles et tout ce qui peut contribuer à la sensualité et à la mollesse.

La place Saint-Marc est constamment couverte de pigeons qui voltigent amoureusement et font leurs nids sur les toits de plomb ; personne n'est en guerre avec eux : sur les deux heures, ils viennent ponctuellement chercher la nourriture qu'une dame riche leur a léguée en mourant.

Nous flanions sur la place Saint-Marc ; nous vîmes sortir, d'un des plus brillants cafés, un joli cavalier qui avait l'air d'aller à la rencontre des aventures : il était décoré de longues moustaches, comme le sont les chefs-d'œuvres de Raphaël et de Michel-Ange ; il avait un cigaro, et à la main le jonc du fashionnable ; il nous a abordés d'un air de connaissance : nous cherchons alors à dévisager ce gentil Mustapha ; nous reconnûmes le très-recueilli pasteur de Saint-Pétersbourg, que nous avions eu occasion de voir plusieurs fois à Rome, sous l'habit pénitent et apostolique ; mais, dégagé de toute forme mystique, il était ainsi travesti en voyageant, pour mieux pénétrer dans le dédale des mœurs.

A la porte de l'Arsenal, on aperçoit deux lions de grandeur colossale, transportés d'Athènes, une belle lionne, également en marbre, est auprès; l'Arsenal a trois mille pieds carrés, et possède l'armure d'Henri IV, don que ce prince avait fait à la république de Vénise.

Il existe aussi un dépôt de mendicité et un corps de pompiers. Un homme, dans la grande tour en face de l'horloge dont nous avons parlé, qui est couverte de marbre et qui marque les saisons et les signes du Zodiaque, est toujours de garde pour sonner le tocsin, au besoin et en cas d'incendie.

La révérence vénitienne est fort différente de la nôtre; quand ils abordent quelqu'un pour le saluer, ils se baissent lentement pour marquer plus de modestie et de respect, et restent long-temps dans cette posture, faisant mille protestations de service et de dévoûment.

Le long du canal de la Giudecca, on voit deux colonnes en marbre apportées de Constantinople.

Sur la Place de l'Hôpital, est une statue colossale, en bronze, du général de la république, Bartolemeo Colcona, monté sur un beau cheval du même métal.

Partout des citernes reçoivent de l'eau de pluie pour boire et pour laver.

Nous avons visité une seconde fois l'église

de Saint-Jean et de Saint-Paul; on y voit un beau tableau du Tintoret, représentant trois sénateurs qui implorent la Vierge, contre la peste : dans une chapelle contigüe est une sculpture en marbre magnifique, de Psonari, dont le sujet est la Nativité. L'église des Jésuites possède une chaire toute en marbre ainsi que les rideaux, si bien imités, qu'on croit que ce sont des draperies; le beau tableau de l'Assomption est du Tintoret, et l'autel entier est en lapis lazuli.

L'église du Cimetière et les tombeaux méritent aussi d'être explorés.

Dans l'ancienne Vénise, on remarque l'église de Saint-Pierre; c'est de ce côté, appelé le bourg de Maran, que l'on fait les glaces, les perles; que l'on mange les meilleures huîtres : on compte six fabriques de perles, dirigées par un Français; il faut le dire, notre industrie pénètre partout. On voit encore dans cette localité l'église Santa-Maria-Formosa. Il y a aujourd'hui trente églises de la plus grande beauté, dignes de fixer l'attention des peintres et des artistes, d'un genre qui inspire plus de piété qu'à Rome.

C'est surtout à Vénise que nous avons vu réunie, dans les édifices sacrés, la multitude en une seule famille; les grands et le peuple;

le maître et le serviteur, aux pieds des mêmes autels, apprennent qu'ils sont égaux par la nature, enfants du même père, soumis aux mêmes lois ; qu'une même destinée les attend, et que les rangs se confondent dans le sentiment d'une vraie piété, d'une bienveillance universelle. Dans les temples, dit Bernardin-de-Saint-Pierre, la religion abaisse la tête des grands, en leur montrant la vanité de leur puissance, et elle relève celle des infortunés, en leur présentant un avenir immortel.

La cathédrale Saint-Marc est d'une richesse infinie ; les fresques innombrables et admirables sont d'un grand prix. L'eau de la mer a un peu endommagé le pavé de cet édifice éblouissant et merveilleux. Saint-Marc a cinq dômes et point de clocher ; on voit sur le haut de la porte d'entrée quantité de figures de pierres, entr'autres celle d'un petit vieillard qui tient son doigt sur la bouche : on prétend que c'est l'architecte qui a bâti cette église. Il s'était engagé à faire le plus beau bâtiment qu'il y eût au monde, à condition qu'on lui laissât la liberté de placer sa statue dans l'endroit le plus honorable de l'église, pour rendre son nom immortel. Ayant un jour reçu quelques mécontentements des procurateurs de

Saint-Marc, il s'en plaignit au Doge, et son ressentiment le porta même à dire que, si on en avait mieux usé avec lui, il aurait fait encore quelque chose de plus beau. Le Doge lui répondit que, puisqu'il manquait à sa parole, il ne devait pas trouver mauvais qu'on ne lui tînt pas celle qu'on lui avait donnée, de placer sa statue dans le lieu de l'église le plus apparent. L'architecte reconnut aussitôt sa faute, c'est pourquoi on le voit le doigt sur la bouche, dans la posture d'un homme qui se repent d'avoir dit une sottise. Les cinq portes de l'église sont d'airain, venant autrefois de Sainte-Sophie, à Constantinople, ainsi que les admirables coursiers qui sont au-dessus. Il y a huit colonnes de porphyre et, autour de l'église, cinq cents colonnes apportées de Grèce et d'Athènes : le pavé se compose de petites pierres de jaspe, de porphyre, de serpentine, de marbre de plusieurs couleurs qui forment des compartiments. La contretable du maître-autel est extrêmement riche ; elle est d'or massif et de pierres précieuses. Dans la chapelle du Saint-Sacrement repose le corps de Saint Marc ; il y a quatre colonnes d'Albâtre transparent, que l'on dit avoir été au temple de Salomon.

Il est triste présentement de regarder le port dépourvu de vaisseaux et en si petit nombre, comparé à sa splendeur primitive ; mais la victorieuse Trieste, quoique le port de Vénise soit franc, fait à elle seule tout le commerce, et laisse peu de choses à sa vassale. L'industrie de cette magnifique désolée ne sera plus que dans une misérable végétation, tant que cette cité sera sous le joug d'un suzerain : il est vrai que son éclat et son ancienne virilité ne doivent plus exister, puisque tout change de face ici-bas ; que les empires se disloquent et se démembrent, que d'autres s'élèvent au milieu des décadences, des ruines, et des jours néfastes ; mais il n'en est pas moins vrai que si la Lombardie recouvrait son indépendance, Vénise, sans avoir l'esprit de conquête, florirait encore, et ses navires parcourraient majestueusement l'Adriatique : aujourd'hui, ce qui la soutient, c'est qu'elle est habitée par des seigneurs d'une grande richesse, que les chefs-d'œuvre qu'elle possède, attirent un nombre considérable d'étrangers, comme dans plusieurs endroits de l'Italie ; cela suffit et peut rendre durable son existence, qui a besoin de tout tirer du dehors pour se conserver.

Nous avons eu de charmants rapports avec

M. Cherdubois, le banquier; il a fait ce qu'il a pu pour contribuer à nous rendre profitable le séjour de Vénise. Trois des côtés de la place Saint-Marc sont entourés de spacieuses et belles galeries; pendant le jour, les désœuvrés viennent prendre le café et dépenser un temps qu'ils n'ont pas le moyen d'utiliser; nous avons entendu sur cette place de délicieuse musique, et, dans les cafés, nous avons vu des dames avoir un cortège sans doute innocent.

Du clocher près la cathédrale, qui a trois cent soixante pieds de hauteur, et qu'on monte sans escalier, par une pente douce comme une spirale, on découvre Vénise, unique dans son genre; Vénise qui étonne, qui captive pour quelques mois, Vénise que nous sommes enchantés d'avoir vue, et que nous sacrifierions volontiers pour habiter Naples ou Trieste : on y découvre encore les montagnes d'Istrie, l'Apennin, la Lombardie, l'embouchure de l'Adige et du Pô.

N'ayant plus rien à examiner de remarquable dans Vénise, et après avoir fait quelques emplettes en perles et en chaînes d'or, actuellement principal commerce de cette ville, je fis réclamer à notre jolie Térésa, à l'œil si noir, le linge que nous lui avions donné; elle eut l'audace, la cruelle, de nous demander quatre fois plus qu'à Rome et qu'à Naples; il est vrai qu'il faut souvent faire venir de l'eau de loin, et que, contre la nécessité, nous avions oublié de faire marché préalablement : donc, nous devions être un peu mutilés en quittant Vénise.

Nous subîmes une investigation de douane très-rigoureuse. La merveilleuse parisienne qui ne voyage jamais sans avoir à sa suite l'arsenal obligé de sa grâcieuse toilette, est à plaindre lors de la visite des douaniers : que de chapeaux déformés ! Que de rubans flétris par la main calleuse de ces inquisiteurs en sous ordre ! Nous fîmes plomber nos malles pour éviter les pénibles fouilles douanières, et nous nous en retirâmes avec la bonne-main, prodiguant la lire de Lombardie.

Nous quittons Vénise, et nous allons en gondole jusqu'à Fusine; sous la rame, l'eau est étincelante : quand on se rend à Vénise, on s'embarque à Mestre. Nous passons par Padoue, dont les maisons sont entourées de belles arcades; l'église dédiée à Saint Antoine renferme son corps; c'était autrefois un temple consacré à Junon; Padoue est située au milieu d'une riche plaine; elle est la patrie de Galilée et de Pétrarque.

Nous sommes à peu de distance du Tyrol ; nos cœurs vibrent pour y aller ; nous aimerions voir ces montagnes pittoresques et entendre le pâtre chanter :

> Doux Tyrol, montagnes tranquilles,
> Lieux chéris, berceaux de mes amours,
> Fatigué du bruit de leurs villes,
> Attristé des plaisirs des cours,
>
> Je vous revois.... C'est pour toujours, c'est pour toujours.

Mais le temps nous manque, et le cher Théodore, notre fils chéri, a peut-être besoin de nos soins. Nous nous arrêtons à Vicence, à Véronne, remarquable par un cirque olympique, et où les contadines portent le chapeau comme les hommes : pour la haute classe, nous l'avons déjà dit, elle copie et se rapproche des modes françaises.

Dans l'église des Capucins, à Véronne, nous avons vu le tombeau de Romeo et de Juliette, victimes mémorables d'un amour malheureux, et immortalisées par Sakespeare.

C'est encore à Véronne qu'est le mausolée de Gonsalgue Gabia. Les fortifications de la ville sont immenses. La campagne de la Lombardie est une terre promise, d'une grande fécondité et abondant en luzerne, en trèfles, grains, arbres de toutes espèces. La route de Brescia est superbe ; des bords enchanteurs du lac de Garda, nous voyons les montagnes du Tyrol, dans la direction de Trente. Brescia est aussi une jolie ville bien fortifiée. C'est en traversant ce riche territoire, escortés par deux gendarmes, que nous arrivons à Milan.

CHAPITRE XIV.

De Milan, route du Simplon, à Genève.

Nous voici à l'Hôtel Suisse, où l'on trouve le chocolat mousseux de Lyon; nous prenons un domestique de place, et nous nous faisons conduire chez M. Pasleur Girod, notre banquier; nous fûmes ensuite admirer un arc de triomphe, bientôt fini, qui peut rivaliser, s'il ne surpasse l'arc de triomphe de l'Etoile de Paris. L'arc de Milan embellit l'entrée de la ville, sur la route du Simplon, en commémoration de cette échelle si importante conçue par le génie de Napoléon, à travers les précipices et de hautes montagnes. L'arc de triomphe est tout entier en marbre, œuvre des disciples de Canova, orné des plus belles statues et des glorieux symboles représentant les victoires de l'Empire Français. Il est étonnant que l'Autriche laisse réaliser des souvenirs si précieux pour la France. Outre que l'empereur François était notre beau-père, il faut bien se laisser aller aux circonstances entraînantes du temps : il est impossible de lutter contre son époque, sans faire naufrage. De nombreuses souscriptions se sont formées à Milan, et treize millions sont venus se grouper pour l'érection de ce monument.

Les hommes et les femmes ont des traits durs et le teint blême.

Milan est située dans une charmante plaine de la Lombardie ; ses côteaux et la proximité du lac de Côme et du lac Majeur la rendent florissante ; les palais sont vastes et dépourvus d'ornements extérieurs ; il ne reste plus d'antiquités romaines, que l'emplacement des Thermes et de quelques temples.

L'extérieur de la Cathédrale est fort beau et fort grâcieux ; il y a quatre mille cinq cents statues en marbre ; c'est une masse de marbre blanc travaillée en relief ; ces pinacles élancés sont surmontés de statues légères, on croit voir un palais d'argent ; quand on soulève la lourde draperie qui ferme l'entrée, comme celles de toutes les églises d'Italie, l'œil reste ébloui ; on est frappé à la vue de cette longue et imposante nef : devant le maître-autel, on voit la châsse de Saint Charles Borromée, entourée de lampes allumées ; derrière, s'élève le chœur. Les colonnes des ailes sont de granit rouge, les fonts baptismaux en porphyre, le pavé en marbre ;

les hautes fenêtres à vitraux de couleur offrent les teintes les plus brillantes.

Nous avons visité la chapelle souterraine de Saint-Charles-Borromée; son corps y est renfermé dans un tombeau de cristal de roche; on estime à six millions les richesses de cette chapelle, qu'un prêtre nous a permis d'examiner, moyennant la rétribution d'une piastre, et sans recourir à la tradition; ainsi, un écrivain français a commis une grave erreur de topographie, en plaçant à Arona, auprès de la statue colossale du Saint, le corps de Saint Charles Borromée, qui est dans la cathédrale de Milan, et qui ne doit point voltiger ni quitter son vrai domicile dans des Impressions de voyage pleines d'érudition.

Le Champ-de-Mars est de grande dimension et les Arènes fort belles; elles sont entourées d'un canal pour l'exercice des joûtes marines.

Milan est une ville importante; mais pour qu'un étranger se livre à l'admiration, il faut entrer en Italie par la Lombardie, et ne pas commencer par voir Gênes, Florence, Rome, Naples, Vénise. Les femmes portent des voiles noirs : le passage Christoforis est entouré de glaces et de magasins comme les beaux passages de Paris.

On voit, dans ce moment, beaucoup de palais inhabités; la politique de Metternich a, pour la conservation de sa conquête, envoyé les habitants en exil au Spielberg après avoir encombré les prisons des Condotieri, sous les verroux de la torture et de la souffrance. L'Italie Autrichienne se soumet à la force, mais n'en regrette pas moins sa liberté et son indépendance.

Le théâtre de la Scala est digne de toute sa renommée : son extérieur est très-beau ; on voit au-dessus une grande terrasse, puis au-dessous un vestibule qui mène aux premiers rangs de loges et au parterre ; les draperies extérieures des loges sont riches, l'intérieur est magnifiquement décoré : la plupart ont des chambres adjacentes pour jouer et souper ; les peintures sont belles ; les décorations qui ont paru dans une pièce ne servent jamais pour une autre : on se fait visite dans les loges ; on tourne le dos à la scène, excepté quand l'orchestre avertit qu'une scène de ballet, un air, un duo va se jouer ; alors on écoute avec ravissement, mais, la scène finie, on reprend la causerie privée, qui n'est troublée que par l'entrée et la sortie des visiteurs ; une habitude désagréable, c'est que l'arrivée du dernier est toujours suivie du départ du premier.

Voulant voir la Suisse, nous n'avions qu'à passer par le Simplon, pour admirer les sites sur notre route : nous montons donc encore dans le corriero : à Cascine, nous voyons un if séculaire de dix-huit pieds de circonférence ; nous changeons de voiture à Arona ; c'est ici que l'on voit la statue colossale de Saint Charles Borromée ; elle a quatre-vingt-seize pieds d'élévation ; pour y monter, il faut une grande échelle ; elle contient facilement douze personnes dans sa tête ; un homme peut se placer dans les fosses nazales, sans craindre d'être lancé comme une bombe par un éternuement. Nous parcourons le littoral du lac Majeur, si bien décrit par notre compatriote Alexandre Dumas ; nous avons admiré les grâcieux Palais de l'Ile Belle et de l'Ile Mère : des bateaux à vapeur serpentent sur le lac ; enfin, après avoir voyagé tout le jour, nous nous arrêtons, à dix heures du soir, à Isella, petite ville à l'entrée du Simplon, où nous réparons nos forces par d'excellentes truites.

On avait eu soin, aux messageries et dans tout ce qui tenait aux services des postes, de nous dérober le danger présent de la route du Simplon ; aussi nous crûmes que nous allions voir se renouveler les apparitions effrayantes de la route de la Corniche, et que nous en serions quittes pour de profondes émotions. Nous ne fûmes pas long-temps à nous apercevoir que la nature allait se dérouler dans ses belles horreurs, déployant les périls sans mesure.

Le courrier se composait d'un capitaine de navire américain, d'un officier supérieur très-brave homme fort aimable, d'une religieuse prise à Arona. L'officier eut une querelle assez vive avec le postillon, et menaçait d'argumenter à coups de canne; le postillon ripostait avec insolence et mépris; c'était une répétition des controverses comminatoires de M. de C.....; avec un peu plus de sobriété de paroles et un peu moins d'épanchements épigrammatiques, tout cela n'aurait pas eu lieu; le courrier nous engagea à partir, et à profiter de la fraîcheur de la nuit pour éviter le danger des avalanches que le vent ou le soleil détachent si facilement dans le mois de mai, moment de la fonte des neiges. Nous parcourions donc l'effroyable vallée de Gondo, au milieu d'horribles torrents se roulant tumultueusement des hautes montagnes, menaçant de tout emporter dans le précipice, des neiges, des roches qui tombent avec fracas; tout cela pénètre de saisissement dans ces lieux où la nature est improductive.

Près le pont de la Doveria, le torrent précipite ses ondes avec un bruit épouvantable. Des rochers perpendiculaires, d'une couleur sombre en parfaite harmonie avec sa solitude, dont la cîme égarée dans les nues menace de tomber sur vos têtes ; à vos pieds, dans le fond du précipice, où la vue n'ose descendre, on entend mugir la colère du torrent, la nature expire, la mort seule est vivante. L'Auberge de Gondo, avec ses petites fenêtres grillées, a l'apparence d'une prison. Quelques rayons du soleil planent sur de petits jardins et animent un peu la végétation des légumes qui, rarement, parviennent à maturité.

Avant Isella, des ruisseaux folâtrent au milieu de bouquets de mélèze, et forment de riantes cascades.

La route, pendant trois mois de l'année, est praticable même aux voitures ; elle a une largeur de trente pieds ; des remparts préservent, et l'on n'a d'autres risques à courir que ceux, rares dans cette saison, de voir les rochers se détacher et tomber sur la route ; mais pendant neuf mois, surtout dans le mois de mai, il y a beaucoup de danger ; c'est le moment où les neiges commencent à se fondre ; ce qui est une cause des avalanches ou lavanges ; le vent, un bruit soudain peut encore occasionner des détachements de neige.

Malheur au voyageur surpris par l'avalanche ; la fuite est inutile, il faut se résigner. Des masses de neige, d'un quart de lieue d'étendue, emportent tout sur leur passage, les hommes, les arbres, les blocs de rochers, et les précipitent jusqu'au fond des abîmes, souvent de six mille et quelques cents pieds de hauteur.

C'est au milieu de ces difficultés que Napoléon, rayonnant de sa splendeur, fit, malgré les obstacles, construire la belle route du Simplon ; des montagnes, par le moyen des fulminants, furent percées dans plusieurs endroits, à un espace de plus d'une demie-lieue. Trente mille hommes, pendant cinq ans, s'occupèrent de ces épineux travaux avec un courage inouï. Présentement, trois cents ouvriers sont employés à l'entretien de la route, à l'enlèvement des roches et des neiges qui encombrent si souvent ; ainsi, grâce aux sollicitudes de l'Empereur, dans le peu de temps de son règne, et à l'apogée de son immense gloire, il a rendu un service incommensurable à la civilisation, en ouvrant des communications entre l'Italie et la France, qui, auparavant, éprouvaient tant de difficultés de relations, et que les Carthaginois, avec Annibal, avaient franchies si périlleusement.

Sur les trois heures de la nuit, le courrier descend précipitamment et est obligé, faisant avec les mains et les pieds le levier opposant, de soutenir la voiture, que de grosses pierres sous une roue allaient faire descendre dans les abîmes; deux fois, il est obligé d'opérer cette manœuvre : des couches de neige rétrécissent la voie; une roue de la voiture frotte souvent les pierres du parapet qui nous sépare des torrents, l'autre roue va avec peine dans la neige; les difficultés s'augmentent; il faut abandonner le carrosse; l'obscurité de la nuit ne nous avait pas fait apercevoir les précautions que nous dérobait le courrier pour ne pas nous décourager, ni perdre sa clientelle : il avait attaché trois traîneaux à la voiture.

Voici, nous dit-il, une variété de plaisirs que je vous offre; je vous invite à monter en traîneau; le traîneau de devant était consacré aux dames, le second nous portait, et le troisième avait les bagages. Si j'avais su les dangers qui nous menaçaient, j'aurais voulu naviguer sur cet océan de neige, sans être séparé de Mme Mercier; notre caravane n'eut point de malencontre jusqu'à l'Auberge du Simplon; nous nous y trouvâmes très-bien et nous fîmes honneur à la cuisine, dans la région des neiges; c'est là que nous apprîmes le funeste accident arrivé la surveille à quatorze ouvriers du Simplon, qui avaient péri sous une avalanche. La blancheur de la neige et son éclat donne de fréquentes opthalmies, et altère la vue; de là vient l'usage des lunettes vertes chez ces montagnards. Le village du Simplon est le domaine des glaces et des neiges, c'est le palais de l'hiver, aucun arbre, aucune fleur ne le décore, l'aigle, souverain des airs, y fait de fréquentes apparitions. Les villageois de ces lieux sont vêtus de peaux de mouton dans toutes les saisons.

Nous reprenons la route sur des traîneaux encore plus petits. De lieue en lieue, des maisons de station ont été établies pour servir d'abri aux voyageurs dans la tourmente; nous franchissons des montagnes percées sur des glaciers; nous sommes étonnés de ces admirables glaciers qui se forment d'un amas de neige, et présentent des champs de glace de cent à cent cinquante pieds de profondeur et d'une lieue de long; les torrents se forment des passages au milieu de ces miroirs gelés.

Les agents de la destruction grondent autour de nous; les objets qui nous environnent, ne paraissent faits que pour former la tempête et lancer l'avalanche; le premier moment de la descente n'est nullement propre à adoucir les sensations pénibles; la route rapide et suspendue au-dessus d'immenses abîmes, une arche jetée sur un précipice, sans croire aux dangers quand on y est arrivé, paraît de loin à peine praticable pour le pied du chamois; des roches arrachées, jetées çà et là, des excavations profondes, des torrents de neige fondue, une région onduleuse de montagnes se déploient de tous côtés, comme les vagues de la mer.

Nous admirons la belle caserne que Bonaparte a fait bâtir pour ses soldats, c'est maintenant l'hospice des Augustins, Frères des religieux du Saint-Bernard.

Passant près du couvent, le supérieur nous aborde et nous offre l'hospitalité, comme du temps d'Israël : nos traîneaux arrêtent; nous visitons cet édifice de bienfaisance et de charité, et ces âmes angéliques, qui ne vivent et ne tiennent à la terre que pour le service de l'humanité souffrante. Nous y faisons emplette d'un jeune chien du Saint-Bernard, renommé par l'intelligence : tout le monde sait que ces chiens, imitant l'hospitalité des Moines, portent dans un panier ou dans une serviette, des vivres pour secourir l'infortuné voyageur égaré, tombé dans le précipice ; souvent ils le guident pour arriver au monastère.

C'est une belle institution que celle de ces Moines, protégeant ainsi l'homme qui passe dans ces contrées ardues; c'est une noble manière de servir Dieu ; ces Religieux vivent au milieu des dangers et des privations de toute espèce; l'exercice de la charité remplit seul leur vie, et le sentiment du bien qu'ils font chaque jour est leur unique récompense ici-bas.

Après avoir vu le couvent et remercié les Pères bienveillants de leur bon accueil, nous continuons notre voyage. Des rocs gris, sans pelouse, des buis chétifs et jaunâtres, quelques sapins d'un vert funèbre, des vautours s'abattant sur leurs branches, pas d'autres bruits que celui des torrents qui mugissent au loin : le brouillard cache souvent les cîmes les plus élevées, et flotte en écharpe légère sur le flanc des montagnes. Nous apercevons de tristes cabanes adossées contre un roc comme un nid caché; ce roc protecteur les met à l'abri des neiges et des vents.

Dans l'hiver, la nature de ces montagnes est sublime de terreur et de force; quand les vents et les cataractes s'apaisent, la neige descend grâcieuse et sans bruit; comme le duvet du Cygne, elle reste suspendue, en formes élégantes et bizarres, aux branches noires des sapins. Tout est silencieux dans ces régions, au milieu de colonnes, de festons et de guirlandes de cristal. On découvre par fois des chapelles, des oratoires, des croix élevées à la mémoire de funestes accidents. Les frais d'entretien de la route se montent à trente-cinq mille francs annuels.

Le danger s'accroît ; quarante pieds de neige encombrant le passage, effacent jusqu'aux traces des parapets, réduisent l'espace de la route à six ou huit pieds ; en cas d'accident, le voyageur doit être disposé à se précipiter hors du traîneau ; d'un côté, nous avions la perspective de six mille pieds de précipices perpendiculaires, de l'autre, de sept ou huit cents pieds de montagnes couvertes de neige, qui s'élevaient comme une haute muraille sur notre tête, menaçant à chaque instant de nous engloutir ou de nous plonger dans l'abîme.

Le conducteur nous recommandait d'éviter les éclats de voix, de ne pas se moucher avec bruit ; lui-même s'abstenait de faire claquer le fouet, dans la crainte d'exciter une avalanche. Enfin, nous cheminons, au petit pas du cheval, sur une neige pour ainsi dire mobile, dans laquelle le cheval enfonce souvent jusqu'au ventre, exposé à s'abattre sur la neige, dans plusieurs endroits, entamée par des torrents menaçant de la faire crouler, ce qui nous rendait les précipices continuels, et dans tous les endroits, même sous nos pas.

Le plus léger zéphir ou le rayon du soleil le moins vivifiant pouvait rompre le fil de nos jours. La route est ainsi effrayante jusqu'à Beccaval : plusieurs fois, nous nous sommes crus perdus ; le traîneau avançait de six pouces dans l'abîme ; ce n'est qu'en dirigeant subitement le cheval de manière à raser la montagne de neige, que nous pouvions ramener notre glissant et indocile traîneau.

Nous avons mis vingt-deux heures à faire ces quinze lieues pénibles : la route du Mont Cenis, miniature de celle du Simplon, n'est que de six lieues ; elle n'est pas non plus charmante dans le mois de mai ; d'ailleurs, elle ne nous conduisait pas aussi directement en Suisse, aucune autre voie n'étant praticable. Aller par le Tyrol, changeait, comme nous l'avons exprimé, notre plan de voyage ; nos désirs paternels ne nous permettaient pas de retarder le délicieux moment d'embrasser notre cher Théodore, il fallait à tout prix arriver dans notre pays.

A Beccaval, nous faisons une pause, nous

prenons du lait pour notre jeune chien, que nous avons appelé Simplon, du nom du lieu de sa naissance, et qui, maintenant, est devenu un des plus forts et des plus beaux chiens en France.

Nous montons une voiture suisse, très-légère, très-étroite; il n'y avait qu'une banquette au milieu; il fallait aller sur le côté, de manière que le moindre mouvement des curieux en se portant trop en avant, pouvait occasionner la chûte de cette légère calèche circulant encore le long des abîmes, quoiqu'ici cesse le danger des neiges. Nous parcourons cette voie périlleuse jusqu'à Brieg, au milieu de toute espèce d'émotions, de sites les plus variés, les plus extraordinaires, de la nature brute, improductive, et des plus belles végétations : le brigand n'apparaît jamais sur ces roches escarpées; il n'y a pas d'exemple que des voleurs aient profité de l'horreur de ce passage, de l'obscurité de ces défilés, de l'embarras des voyageurs, pour les attaquer. Dans des endroits presqu'à pic, nous avons vu des maisonnettes, habitations des montagnards, et qui nous seraient inabordables. Dans la belle saison, souvent les fonds des précipices sont de riches tapis de verdure, des pelouses, du plus beau luxe de végétation, émaillées de fleurs qui servent de nourriture à de nombreux troupeaux, que les pâtres animent de leurs chalumeaux et de leurs chants bucoliques.

Cet amas de jolis châlets groupés dans le vallon si propre à inspirer le pinceau des peintres, est Brieg, où nous allons changer de voiture, faire une recrue et avoir une aimable compagne de voyage, une demoiselle suisse parée de beaux rubans suivant le goût du pays ; cette jolie valaisanne avait un corset à manches presque de couleur rouge, et un mouchoir flottait sur son sein : malgré son amabilité, elle nous mit bien à l'étroit dans la voiture.

Nous apprîmes aussi que quelques mois avant notre passage, un milord et une milady s'opiniâtrèrent à franchir le Simplon, avec leur voiture, contre l'opinion des localistes : quoique la route ne fût pas encombrée de neige, comme à notre passage ; dans la traversée, ils descendirent, par les instances du conducteur, et bien fut pour eux, car une avalanche, peu de temps après, emporta la voiture et les chevaux dans l'abîme ; l'Anglais, pour avoir son bagage, fit présent des débris de sa voiture qui ne sont pas encore retirés. L'officier, notre compagnon de route, familiarisé aux dangers dans la campagne de Moscou, nous dit franchement que s'il avait su l'état des choses, il ne s'y serait pas hasardé; il s'étonnait que Mme Mercier n'eût pas fait paraître la moindre émotion, et il me reprochait d'avoir ainsi exposé ses jours précieux.

Notre projet était d'aller visiter le Saint-Bernard; mais, dans ce moment, il y avait impossibilité d'y arriver avec sécurité; d'ailleurs, nous nous lassions de voyager dans les neiges et les glaces. Cependant, le chemin de Martigni est fort agréable; la vallée et les montagnes chargées de glaces offrent une belle perspective; l'œil est réjoui par d'agréables prairies chargées d'habitations. A Saint-Maurice, nous avons vu le tombeau du chef de la Légion Thébaine, massacré avec ses soldats, et à peu de distance de la ville qui a pris son nom. Nous entendîmes, près de Villeneuve, le bruit effrayant de la cascade de Scolena, vulgairement appelée Pissevache; elle a deux cent deux pieds de haut, sa chûte est superbe, sa nappe immense, et ses flots, perdus dans les airs, qu'ils agitent, se résolvent en vapeur, et forment un bel arc-en-ciel. C'est à Maurice qu'est la communauté des Moines du Simplon et du Saint-Bernard; le climat sévère de ces montagnes ne permet pas aux religieux d'y séjourner long-temps; aussi trouvent-ils dans le monastère de Saint-Maurice, comme dans une pépinière abondante, des hommes qui se dévouent à leur tour.

Présentement, au lieu des jolies filles d'Isella et de Domo-d'Ossola, nous n'apercevons que des paysanes goîtreuses du Vallais, plusieurs sont atteintes du crétinisme.

Le porphyre, le quartz, le granit, sont la principale composition des Alpes. Au fond des précipices, dans les ravins, se trouve une riche végétation qui mêle ses teintes brillantes aux couleurs austères des rochers. Les contadins, pour cultiver, montent d'étroits escaliers, et, avant d'arriver aux terres qu'ils ensemencent, ils ont souvent une plus grande élévation à escalader qu'un ouvrier employé à réparer le haut d'un clocher; les orages détruisent les travaux, mais les paysans contemplent ce dégat avec fermeté, et aussitôt la tempête passée, ils les réparent avec une patience admirable, et portent de la terre au sommet des montagnes, pour former un nouveau sol dans les endroits emportés. En Suisse, on est satisfait des auberges.

Les routes sont très-bien soignées, et

cependant, il n'y a ni école polytechnique, ni administration des ponts et chaussées. Les voies publiques sont animées par la circulation continuelle de voitures chamarrées de costumes alpestres d'une grande variété. Les habitants se marient toujours dans leur propre canton.

Dans la vallée de Martigni, des hameaux, assis sur le penchant des collines, animent ce charmant paysage : cette vallée fertile produit du froment, du seigle, de l'orge et toute espèce de légumes ; les pâturages sont les meilleurs du Valais. La nourriture ordinaire des Valaisans consiste dans de la viande salée, des légumes, du laitage, du fromage ; le vin y est rare, on y boit beaucoup de cidre. La vue est réjouie par les troupeaux qui descendent lentement des montagnes ; l'air retentit des sons aigus des clochettes et des mugissements plaintifs des animaux. On découvre encore des châlets ou petites huttes peu élevées et bâties pour la plupart en pierres sèches : le rez-de-chaussée, d'une seule pièce, contient les troupeaux et les gardiens : ces châlets n'ont pas de cheminée ; le feu brûle contre la muraille, et la fumée s'échappe par les intervalles des murs et du toit. Les dames du pays laissent flotter leur blonde chevelure comme Euphrosine et

Thalie, et se couvrent d'un petit chapeau orné de rubans.

« Quel plaisir, sur la verte fougère,
» Au penchant de ces côteaux,
» Je verrai la gente bergère,
» Ecouter mes accents nouveaux. »

Nous nous arrêtons à Vevay, ville de quatre mille âmes, après avoir parcouru le Valais : notre cane Simplon reçoit les carresses d'une jeune fille de douze ans, d'une ravissante beauté. Non loin de Vevay, on voit le fameux château des seigneurs de Gruyère, remarquable par sa belle situation et ses épaisses murailles. Nous prenons encore une voiture jusqu'à Lausanne, canton de Vaud. Tout le monde sait lire dans ce canton : le soir, en costumes de travail, groupés aux portes des maisons, les hommes lisent les journaux et parlent politique, quant aux jeunes filles, leur occupation est :

« Le luth harmonieux, l'industrieuse aiguille,
» Parfois, c'est un roman qu'on écoute en famille. »

Dans les environs de Lausanne et dans quelques autres localités, les habitants ne permettent pas l'introduction permanente d'un étranger, sans l'autorisation de leurs gouvernements.

A Lausanne, nous montons un paquebot à vapeur d'une forme grandiose ; rien n'y manque, pas même une bibliothèque choisie.

Nous voici donc sur le lac Léman, charmés, jusqu'à Genève, par l'aspect de jolis hameaux, des villages qui fourmillent sur les côtes du lac, et des paysages les plus pittoresques. On ne peut se lasser d'admirer ce lac superbe, dont les bords s'élèvent en terrasses tapissées d'une quantité de villas, de prairies dont les images se réflètent sur les eaux et se marient à leur azur.

Le lac Léman, qui a vingt-deux lieues de long et quatre ou cinq en largeur, roule au milieu d'une vallée qui sépare les Alpes du Mont-Jura ; le Rhône, qui prend sa source dans le Simplon, si fécond en espèces diverses de poissons, tels que les truites saumonnées qui pèsent de quinze à trente livres, traverse, en sortant du Valais, ce bassin creusé par la nature : ce lac, ce fleuve, les collines charmantes qui le bordent, le contraste des frimas avec la belle nature, forment un spectacle qui offre à l'âme mille sensations à la fois.

Le lac Léman ou de Genève qui a neuf cent cinquante pieds de profondeur près de Vevay, n'en a que quarante aux environs de Genève.

Sur le lac, on voit des oiseaux aquatiques de toutes les couleurs et de toutes les contrées, tels que l'hirondelle de la mer Caspienne, le plongeon du Nord, le crabier de Mahon, la sarcelle d'Egypte, le héron pourpre, la cigogne, le courlivert, la mésange bleue et une foule d'autres espèces non moins intéressantes pour l'ornithologue.

Un des points de vue les plus imposants, quand on navigue sur ce fleuve, est le Mont-Blanc, éblouissant de l'éclat de ses neiges éternellement entassées ; sa tête s'enfonce dans les cieux ; les monts qui le ceignent, semblent n'exister que sous sa protection. Le Mont-Blanc est le roi des montagnes ; c'est sur lui que l'hiver a placé son trône et ses frimas ; près de lui, les autres sommités ressemblent à un ciron devant une baleine : ces cîmes argentées, éclairées par les rayons du soleil, avaient l'apparence d'une illumination.

Les hautes montagnes couvertes de neige rendent l'air de ces lieux généralement froid et très-varié. Les vautours font leurs nids sur la crête de ces roches noires. Prenant un vol pesant, semblables à un nuage, ils s'abattent sur la terre, pour y chercher leur proie. Quoique nous n'ayons rien vu de comparable aux aspects et au territoire de la Pouille, la Suisse ne laisse pas que de présenter beaucoup de charmes; ne fût-ce que par rapport à ses excellents habitants, dont le caractère et les mœurs sont si aimables, leur gouvernement républicain si clément et si sage; la douce liberté qui y règne, et qui réprime si bien la licence. La Suisse ne peut pas laisser exercer la liberté de la presse; les gouvernements qui l'entourent s'y opposent ainsi qu'aux progrès de la pensée.

Les terres ne sont point assujéties au système cadastral de l'impôt, et, malgré cela, l'arbitraire et les vexations territoriales y sont inconnus; le gouvernement, avec un budget peu considérable, ne laisse pas que d'avoir de la majesté et de la grandeur. Plusieurs cantons suisses parlent le français, les autres l'allemand et l'italien : la religion catholique est professée dans deux ou trois cantons, les autres sont protestants et les catholiques ne peuvent se livrer aux pompes extérieures, pas même sonner les cloches.

En vrais républicains, préférant le bien public à leurs avantages personnels, ils aiment la justice par-dessus toutes choses, et ils professent la tolérance pour les dissidents et pour les opinions divergentes; mais ils prescrivent des limites au libre exercice des cultes, et n'en permettent la pratique, que dans l'intérieur des temples.

En général, les Suisses sont de taille moyenne, pleins de vigueur et de vie : les femmes sont fraîches, fécondes et grâcieuses; elles ont un beau teint, les cheveux blonds; elles sont grandes, et portent de petites coiffes sur leurs tresses relevées par des aigrettes d'or et d'argent.

CHAPITRE XV.

De Genève, Lyon, à Paris.

La position de Genève, près le lac, est admirable; la ville, en revenant des belles cités d'Italie, n'a pas le grandiose que nous attendions; les maisons sont hautes; elles sont bâties sans régularité, environnées de collines, de côteaux pittoresques que la nature semble avoir jetés au gré de son caprice; Genève est dans une plaine comprise entre le Jura et les Montagnes de Savoie. La plus grande partie de la ville est située au lieu où le Rhône, s'échappant du lac, coule avec véhémence dans un double canal ses eaux limpides et bleuâtres : on a construit sur le Rhône une machine hydraulique qui porte les eaux dans la ville : la campagne est couverte de maisons de plaisance.

Il y a de belles promenades à Genève; celle de la Treille est charmante, et a une vue magnifique. Sa population est de trente mille âmes; c'est une des plus considérables de la Suisse. Les Génevois ont le caractère humain et affable ; comme l'éducation est à bon marché, ils sont très-instruits ; en général, en Suisse, l'éducation est uniforme ; celles des parents, des maîtres, du monde, sont en parfaite harmonie ; par cette méthode, on fait des hommes qui ne portent point la livrée de la frivolité : ainsi, chez les anciens, Epaminondas, la dernière année de sa vie, faisait la même chose que dans l'âge où il avait commencé d'être instruit.

Sur le lac, on fait de délicieuses promenades dans de légères embarcations et avec de la musique.

> « Voici le soir ! de légères gondoles
> » Voguent sans bruit sur le lac argenté :
> » C'est le moment où de douces paroles
> » Font souvent rêver la beauté. »

Nous étions logés à l'hôtel neuf de la Couronne, où l'on est splendidement traité ; mais, un jour, ayant laissé notre chambre en désordre et ayant emporté la clef, nous fûmes très-étonnés de la symétrie, à notre arrivée ; tout y était en ordre et en état, même nos papiers qui, errant sur le parquet, avaient été rangés dans notre malle, où se trouvait de l'argent ; j'en fis plainte à l'hôtel ; on chercha à m'apaiser ; nous avons appris, plus tard, que c'était l'usage en Suisse, et que les maîtres d'hôtel avaient toujours des doubles clefs.

A Genève, les femmes qui vous ont accueilli si gracieusement dans les salons, sortent sans escorte de suivantes : dans la rue, elles feignent de vous méconnaître, vous désappointent par un regard sévère, si vous leur faites une salutation : leur pensée, dans ces airs de glace et de froideur, est d'élever une barrière aux inclinations, sans la sanction des parents, et de se procurer liberté plénière pour se promener en sûreté sans exciter les nuages qu'élève un amour imprudent; parce qu'il est d'usage que les jeunes personnes sortent sans être accompagnées.

De très-beaux hôpitaux, même pour les aliénés, existent à Genève; aussi n'est-on jamais importuné par la vue des haillons ou les sollicitations d'un mendiant. La bienfaisance trouve difficilement occasion de s'exercer.

Ici, point d'ateliers où l'on entasse des centaines d'ouvriers, et où l'on fait presque des esclaves; l'ouvrier travaille pour son compte, comme il l'entend; possesseur des matières premières, il les façonne à sa manière, avec une intelligence qui lui offre toujours des avantages.

Les montres se fabriquent dans le quartier Saint-Gervais.

L'ancienne église Saint-Pierre, bâtie sur

les débris d'un temple d'Apollon, est présentement un édifice protestant, et n'a rien de remarquable dans son intérieur, que le tombeau du duc de Rohan. Le génie de la peinture, de la sculpture et des arts, trouve peu d'aliments dans la réforme ; le Tintoret, le Véronèse, le Titien, n'auraient point eu de matériaux pour animer leurs pinceaux, ni de chefs-d'œuvres qui vivront au temple de mémoire. Vraiment, le Christianisme, au milieu de ses splendeurs ravissantes et de ses merveilleuses perfections, le paganisme, tout infirme et sénile qu'il est, avec ses pagodes, ses fétiches, sa gentilité, en excitant par fois l'organisme des sens, ont rendu l'homme plus poétique, et ont développé en lui le germe des beaux-arts, de la musique, de l'architecture, de la peinture, etc., tandis que la réforme, ayant pour généalogie les Iconoclastes, et s'occupant du bonheur matériel de l'homme en ce monde, en même temps qu'elle le nourrit d'espérances immortelles, n'est encore qu'industrielle, et ne propage que les progrès de l'industrie. Voyez si ce ne sont pas les pays réformés qui s'occupent le plus de l'industrie, et de faire prospérer le sort des masses sociales. Genève aussi est toute consacrée à la mécanique et excelle dans l'horlogerie.

Nous n'avons pas réalisé le projet d'acheter de jolis ouvrages, des boîtes à musique si délicieuses pour charmer la solitude : la douane française est trop vigilante pour ceux qui ne veulent pas faire le métier de la contrebande.

Un jour, que nous priâmes un jeune inconnu de douze ans de nous conduire chez un habile horloger qui était à sa maison de campagne, à peu de distance de la ville ; il lia conversation, et nous dit qu'il était de Turin ; que son père, médecin, et professant des idées libérales, avait été enlevé par le Saint-Office ; que, s'il n'en avait pas fait un Auto-da-fé, il gémissait sûrement dans les cachots du roi de Sardaigne ; qu'il n'avait aucune nouvelle de ce qu'était devenu son père.

La ville de Carouge est adjacente à celle de Genève ; en général, les habitants sont dans l'aisance ; ils ont la même maxime que les Hollandais, de ne jamais dépenser la totalité de leur revenu, quelque minime qu'il puisse être.

Ferney, habitation de Voltaire, n'a plus que quelques vieux meubles et la célébrité qui s'attache à la mémoire de ce grand homme. Jean-Jacques Rousseau, un de nos écrivains les plus distingués, était de Genève ; ces illustres peintres de la pensée, dont les perceptions étaient des traits de feu, ne sont plus les hommes de notre siècle ; le spiritualisme, l'objectif et le subjectif de Kant, ou le svedenborgisme, la dialectique des illuminés, tiennent aujourd'hui le premier rang dans l'argumentation ; mais on finira par déclarer compétents ceux qui admettent que les sens sont des auxiliaires pour développer les facultés intellectuelles.

Nous ne voulons point quitter la Suisse sans parler de ses vacheries et du système de stabulation qui a tant de retentissement parmi les agriculteurs. Nous les avons visitées avec intérêt ; les vaches ne vont au pâturage que très-peu de mois dans l'année ; nous en avons vu qui n'étaient pas sorties de l'étable depuis dix ans ; les pâturages, n'étant point endommagés par le pied des animaux, peuvent être fauchés plus souvent : les vaches transpirent moins ; les sécrétions laiteuses sont plus copieuses et d'une bonne qualité : aussi est-on obligé de leur donner les soins les plus minutieux de propreté ; de les étriller trois fois le jour, de renouveler la litière, de les alimenter d'herbes fauchées, composées de trèfle, de luzerne et d'excellentes mâches mêlées au foin. Elles conservent ainsi une parfaite santé ; l'engrais qu'elles font est plus abondant. La ménagerie est disposée d'une manière favorable à la race bovine.

Les pays Suisses offrent de la satisfaction par la liberté dont on jouit, par la modération de l'impôt, par la douane, qui est très-peu de chose et nullement tracassière. En raison de tout cela, on s'y fixerait volontiers ; les fortunes sont peu considérables et très-divisées, chacun possède un peu de terre.

Nous laissons notre lettre de crédit chez notre dernier banquier, M. Lombardier.

Les Génevois, quoiqu'hospitaliers, ont des manières rudes, et leur esprit d'indépendance se manifeste jusque dans les rapports sociaux.

Nous reprenons le chemin de France, en nous dirigeant sur Lyon. Les montagnes, près de Genève, appartiennent, des deux côtés, à la France ; seulement, la partie voisine de la Suisse est franche de droits ; combien ne serait-il pas à désirer que cet usage d'affranchissement de droits s'établît dans toute la France, à l'imitation de nos voisins les Helvétiens, et que nous fussions délivrés de ces déboursés énormes qui rendent dispendieuse notre civilisation. Alors, au lieu de faire couler nos trésors par flots dans les caisses du fisc, nous nous livrerions, sur le sol de la patrie, dans la courte et fragile durée de la vie, à toutes sortes d'améliorations, de bien-être et d'œuvres immortelles utiles au pays ; notre prospérité s'accroîtrait avec nos libertés.

Les montagnes, dans cette partie de la France, sont escarpées, d'un difficile accès ; la douane y pénètre peu ; les contrebandiers sont les seuls qui connaissent les sentiers de ce labyrinthe à l'abri des investigations.

C'est ici le fort l'Ecluse, que les Autrichiens avaient écrasé des montagnes qui le dominent ; il est à l'abri, présentement, par l'érection de nouveaux forts placés sur les points culminants.

Voici la première fois, depuis long-temps, que nous livrons notre passeport aux gendarmes français : nous avions été obligés, à Milan, de le mettre en livret pour conserver ses lambeaux. Des transports de joie s'emparent de nous à la vue de nos compatriotes. Mais, à Bellegarde, notre plaisir est bien tempéré par la visite minutieuse des agents de la douane. A Naples, où la dogana est en renommée de bien jouer son rôle, on n'a pas eu plus de dextérité et de gentillesse ; même on a fait des progrès au détriment de nos libertés ; au moins, à l'étranger, on avait eu des formes plus civiles, on avait épargné M.me Mercier. A Bellegarde, on s'est permis de nous séparer, de nous faire subir en particulier une inquisition et des visites domiciliaires sur nos personnes, quoique nous ne fussions pas en état de siège. M.me Mercier, à la vérité, était visitée par une douanière, mais en présence du chef de poste, son officieux assistant, sans avoir le mari pour avocat et pour défenseur au besoin. Comment, en France, peut-on développer un pareil luxe d'asservissement, que nos lois et la liberté individuelle proscrivent formellement? Pourquoi ces visites isolées? Pourquoi fouiller et mettre le désordre dans les malles et les valises? Mais que peut-on porter sur soi, de si offensif, quand on vient de la patrie du Tasse, de l'Arioste? sinon quelques innocents bijoux, quelques souvenirs précieux de la terre classique, quelques laves du Vésuve, quelques hommages aux Muses, aux Héros : peut-être une feuille de laurier, cueillie au Pausilippe, sur le tombeau de Virgile. A trois lieues plus loin, il faut encore subir une autre fastidieuse et dégoûtante perquisition.

Pour simplifier les opérations de la douane, il est avantageux que la mode ait mis à l'ordre du jour les postiches, les gigots et les falbalas, perdant de leur gracieuseté sous les doigts pesants des investigateurs qui croient trouver des bijoux de l'Orient, de la contrebande italienne, parmi des toilettes de Long-Champ ; les dames sont mêmes décoiffées, et leurs cheveux, artistement disposés, sont mis en désordre ; tout cela par scrupule et conscience de ces âmes vénales.

Après le fort l'Ecluse, a lieu la disparition du Rhône ; ce fleuve coule, depuis Genève, majestueusement dans un lit profond, mais, en s'approchant d'un banc de rochers, probablement comme à Tivoli dans la grotte de Neptune, il s'engouffre tout entier avec une vîtesse prodigieuse, dans une espèce d'entonnoir : ses eaux, refoulées, s'agitent, se soulèvent et se brisent elles-mêmes. L'ouverture de l'entonnoir n'a que deux pieds ; insensiblement, elle s'élargit, et le Rhône, apaisé, roule tranquillement ses eaux dans un canal de trente pieds de large ; il disparaît ensuite sous un amas de rochers, pendant près de soixante pas ; à la renaissance du fleuve, on croit le voir impétueux et terrible, mais il se présente si calme et si tranquille, que ses eaux paraissent stagnantes, ce que l'on attribue à la profondeur de son lit.

Lyon est si connue, qu'il est superflu d'en parler ; c'est la seconde ville de France ; elle possède de beaux édifices : son commerce manufacturier est très-important, mais elle vient d'éprouver plusieurs échecs, que la guerre d'Espagne et les banqueroutes américaines ont occasionnés, en suspendant la fabrication des soieries, par là sans écoulement. Il serait à souhaiter que, dans de pareilles circonstances difficiles, il se formât, de rechef, dans toutes les parties de la France, des sociétés pour acheter des marchandises en discrédit, et attendre des temps meilleurs : par ce moyen philanthropique, les classes ouvrières ne resteraient jamais oisives. D'ailleurs, que le riche territoire de l'Algérie soit un écoulement à notre population, et qu'il devienne la France Africaine, il fait disparaître les inconvénients de la concurrences, et bientôt le malaise social.

Les chemins de fer, de Saint-Etienne à Lyon, sont aussi fort intéressants; on aime à voir la curieuse installation de ces routes en fer, et des machines à vapeur remorquer chacune sept omnibus contenant cent cinquante voyageurs, avec une vitesse qui surpasse celle des chevaux; ces merveilles nous transportent presqu'aux temps des Divinités de la Fable et de la Féerie; on s'occupe à les réaliser chez tous les peuples de l'Europe; nous ne restons pas en arrière, et nous voyons fleurir dans notre belle France ces admirables innovations qui transforment un pays, le placent au premier rang de l'échelle de la civilisation, et qui accélèrent, en facilitant les rapports sociaux, la prospérité des peuples.

Les quais de Lyon sont fort beaux et très-animés ; il y a de belles rues : nous étions descendus à l'hôtel du Nord ; c'est chez Casati qu'on mange le meilleur chocolat avec d'excellents petits pains et des brioches. La promenade Bellecour et le pont de la Guillotière méritent d'être cités. La Guillotière et la Croix-Rousse vont devenir deux villes voisines de Lyon. En allant au chemin de fer, on jouit de l'intéressant coup-d'œil de la Saône qui se marie avec le Rhône. Lyon est entourée de forteresses et de vingt mille hommes de troupes ; l'émeute n'y est plus possible.

L'hôpital d'ordre ionique, créé par Souflot, offre une magnifique façade sur le quai du Rhône. Il est admiré comme le plus beau de France ; nous avons surtout remarqué la vaste étendue des salles, une entr'autres dont le dôme quadrangulaire est orné des emblêmes de la médecine.

Le vaisseau de la bibliothèque publique est considérable ; il contient cent mille volumes et huit mille manuscrits dans toutes les langues.

Il y a plusieurs théâtres ; celui qui a été

élevé sur la place de la Comédie, est sans élégance ; il a cependant coûté quatre millions.

La cathédrale est digne d'être visitée par la beauté de sa nef et de son architecture gothique.

Plusieurs ponts traversent le Rhône ; le pont Morand, du nom de son architecte, a été construit tout en bois, avec une hardiesse et une légèreté qui ne nuisent point à sa solidité.

Nous avons pris le bateau à vapeur de la Saône. Il y a trois bateaux à vapeur, sur la Saône, qui font le trajet de Lyon à Châlons : Les habitants de ces rives n'ont point l'humeur stationnaire : les bateaux sont encombrés de voyageurs. A peine notre restaurateur pouvait-il suffire aux nombreuses demandes de côtelettes, de biftecks. Comme sur un navire qui commence à manquer de vivres, un capitaine, dans sa sollicitude, est obligé, pour prolonger ce qui reste de biscuit et de comestibles, de modérer les appétits insatiables, dans le voyage sur la Saône, si vous voulez obtenir un bœuf, une volaille, un pain d'une demi-livre, demandez deux heures d'avance ; encore vous attendrez et vous vous exposerez aux affections spasmodiques nerveuses de l'organe digestif, disposé à s'insurger faute d'aliments, aux perturbations intestinales qui vous feront succomber dans l'absence de lest. Il est aujourd'hui incontestable qu'on ne meurt pas de faim, que le vide seul fait des victimes et occasionne ensuite l'agglutination des viscères.

Parmi les quadrilles de la première chambre, nous faisions cercle, attendant impatiemment le moment si désiré de la réfection; nos oreilles et nos yeux furent tout à coup divertis par la conversation animée d'un imposant champion qui attirait les regards; il parlait et gesticulait avec assurance : on aurait dit qu'il jouait un des principaux rôles dans la société : sa physionomie martiale annonçait un homme d'importance; il adressait la parole aux dames, dans des termes élogieux; sa voix avait quelque chose de mâle et de sévère; les yeux étaient fixés sur lui; il excitait l'attention même des officiers spectateurs; on s'étonnait de la vivacité de son esprit; on se livrait aux hypothèses et aux conjectures sur ce personnage : tout le monde disait quel est donc ce grand homme, lorsque tout à coup il se leva pour offrir des bonbons avec grâce, et rompit aussitôt l'enchantement. Ce n'était plus un spadassin de cinq pieds six pouces qui, sur un siège, répandait si bien l'illusion de la grandeur; debout, on le mettait dans le creuset de l'analyse, et on ne pouvait décider si c'était un Lapon ou un Lilliputien, que le plus chétif Gulliver aurait fait pirouetter dans la main : il était difficile de comprendre que des éclats de voix bruyants pussent sortir du larinx d'un si petit rossignol. En nous rendant à Paris, nous apercevons Mâcon, patrie de M. de Lamartine. Nous sommes frappés du succès des sucreries de betteraves qui, établies sur une trop grande échelle de dépenses, n'ont pu soutenir avec avantage la lutte contre l'abondance du sucre colonial, et ont échoué dans les départements de l'Ouest; il paraît encore que plus on avance dans le Nord, plus la betterave est riche en principes sucrés.

Nous n'avons pu faire qu'un court séjour à Paris, que nous connaissions; à Paris, temple du goût exquis et des grâces, où toute l'Europe vient puiser le bon ton, les belles manières, l'élégance, les modes, et où les femmes sont distinguées par une brillante éducation, l'esprit, les agréments de la beauté et de tendres affections; à Paris, où l'industrie se déploie avec tant d'art et de magnificence, dans tous les genres, que rien ne peut égaler nos riches produits des Gobelins, de Sèvre, etc; à Paris, où tous les talents forment un faisceau admirable, et dont la lumière douce et radieuse éclaire les nations, jalouses de nous imiter; à Paris, dont les habitants pleins d'urbanité, de galanterie, de gaîté et de courtoisie, démontrent que les Français sont le premier peuple du monde, pour la civilisation, et dont César et Agathias ont été si souvent les apologistes.

Nous n'entreprenons point ici la tâche d'articuler les progrès de l'antique Lutèce qui, dans son origine, n'avait que dix hommes pour la perception de l'impôt, puis avait seulement deux portes d'entrée, tandis qu'aujourd'hui elle possède cinquante-huit barrières dont plusieurs sont des chefs-d'œuvres d'architecture.

Tous les embellissements sont prodigués dans Paris; le Carrousel est devenu une magnifique place d'armes : les belles rues de Castiglione, de la Paix se prolongent jusqu'aux Boulevards, au travers de la place Vendôme. La fontaine Médicis et quatre-cents autres fournissent de l'eau aux habitants de cette riche cité. Nous n'avons ni la hardiesse, ni le projet d'esquisser les palais éclatants, les monuments innombrables qui décorent, avec tant de splendeur, la capitale de la France; nous n'entreprendrons point de détailler ni la palais des Tuileries, ni le Palais-Royal, avec ses brillantes arcades, ni ceux du Luxembourg, du Louvre et de ses galeries de peinture, ni Notre-Dame-de-Paris, ni le Dôme des Invalides, ni tant d'édifices imposants, ni les théâtres variés, où rien ne manque, et où les sommités artistiques de tous les pays viennent chercher des suffrages et des couronnes. Toutes ces splendides descriptions ont été livrées au public; il ne nous appartient point non plus d'établir un parallèle entre ces chefs-d'œuvres et les merveilles de l'Italie, ni d'opposer les tableaux du Poussin, surnommé le Raphaël de France, à ceux du Tintoret et du Véronèse.

Nous n'avons rien trouvé de comparable au Jardin des Plantes de Paris, qu'on se plaît à embellir tous les jours, même d'éclatants édifices de verre, pour la conservation ou l'éducation des plantes exotiques.

Nous n'avons eu d'autre but, en écrivant, que de rappeler des souvenirs, ou d'aider et d'offrir un flambeau à ceux qui voudraient visiter un jour les délicieuses contrées méridionales que nous avons parcourues. En livrant à l'impression nos feuilles de voyage, nos esquisses et nos vues de la journées, comme elles se présentaient à nos investigations, nous avons cru acquitter une dette à notre pays.

Malgré les embarras que nous donnait, sur la route et dans les hôtels, notre chien du Mont Saint-Bernard, originaire des Abruzzes, nous nous trouvons dédommagés par sa possession : présentement, il a l'apparence d'un des jeunes lions de Canova.

Nous reprîmes vite le chemin de notre habitation ; nous avons eu le bonheur d'y retrouver le cher Théodore plein de santé, grâces aux soins, aux lumières et à l'amitié de M. le Docteur Legouais. Nous voyons germer avec plaisir ses heureuses dispositions ; il balbutie déjà les noms de Rome et de Naples.

Nous avons encore l'indicible satisfaction d'assister au banquet de nos parents, de nos amis, de les retrouver pleins de joie et de santé : rien de fâcheux ne s'était passé dans notre absence. Nous nous livrons ensemble au délicieux memento de Sorrento, des huîtres exquises de l'Achéron, nous portons des toasts aux habitants de Pompéïa et d'Herculanum, que nous avons salués aux Champs-Elysées. Adieu donc, belle Italie ! bords chéris, fontaines et naïades de ces lieux enchanteurs ; adieu beaux monuments éternels, riches d'émotions et de plaisir, patrie de nos pensées !

« Nous en conserverons
» Tant que nous vivrons
» La douce mémoire. »

TABLE

DES CHAPITRES.

Pages.

CHAPITRE PREMIER. — De Nantes à Bordeaux...	1.
CHAPITRE II. — De Bordeaux au canal du Languedoc.	10.
CHAPITRE III. — Du canal du Languedoc à Cette.	22.
CHAPITRE IV. — De Cette, Montpellier, Nîmes, Avignon, Aix, Marseille à Toulon............	29.
CHAPITRE V. — De Toulon, Nice à Gênes....	44.
CHAPITRE VI. — De Gênes, Livourne, Pise à Florence............	63.
CHAPITRE VII. — De Florence, Sienne à Rome..	90.
CHAPITRE VIII. — Rome............	111.
CHAPITRE IX. — De Rome et Terracine à Naples.	154.
CHAPITRE X. — De Naples, Foggia, Barlette à Bari.	199.
CHAPITRE XI. — Voyage sur l'Adriatique.....	228.
CHAPITRE XII. — De Trieste à Vénise.......	250.

Chapitre XIII. — De Vénise à Milan. . . . . . . 264.
Chapitre XIV. — De Milan, route du Simplon à Genève. . . . . 287.
Chapitre XV. — De Genève, Lyon à Paris. . . . 311.

ERRATA.

Page   2, ligne 16, *au lieu de* Protagoras, *lisez* : Bias.
Page   5, ligne 11, *au lieu de* Lutter,   *lisez* : Luther.
Page 27, ligne 27, *au lieu de* des,   *lisez* : de.
Page 87, ligne 9, *au lieu de* Luc,   *lisez* : Lucques.
Page 125, ligne 21, *au lieu de* Braciasio, *lisez* : Braciajo.

FIN.

www.ingramcontent.com/pod-product-compliance
Lightning Source LLC
Chambersburg PA
CBHW060633170426
43199CB00012B/1534